Barcelona

Harald Klöcker

Neu: Exklusive Reisetipps auf www.merian.de!

- **Gratis mehr Informationen:**
  Entdecken Sie den Premium-Bereich von www.merian.de

- **Topaktuelle Zusatznutzen:**
  Reiseberichte, Shopping, Tipps und Informationen

- **Neue Reiseziele entdecken:**
  über 5000 Destinationen weltweit

- **Einfach auf www.merian.de**
  Ihren persönlichen Zugangscode eingeben: **20060081**

Inhalt

4 **Barcelona stellt sich vor**
*Interessantes rund um
Ihr Reiseziel*

10 **Gewusst wo ...**
*Die besten Tipps und
Adressen der Stadt*

12 **Übernachten**
Topmoderne Luxusherberge
oder elegante Jugendstilvilla
18 **Essen und Trinken**
Spezialitäten aus dem Meer
und aus dem Gebirge
30 **MERIAN-Spezial:** Cava –
Kataloniens Nationalgetränk
32 **Einkaufen**
Eine gute Adresse für Mode,
Schmuck und Delikatessen
44 **Am Abend**
Designerbar oder altertümlicher
Tanzpalast
52 **Feste und Events**
Höhepunkt ist das Fest der
Stadtpatronin La Mercè
56 **MERIAN-Spezial:** Sardana,
Gegants und Castellers
58 **Familientipps – Hits für Kids**
Aquarium, Vergnügungsparks
und Zoo

10 MERIAN-TopTen
*Höhepunkte in Barcelona, die
Sie unbedingt sehen sollten*
⇐---- Klappe vorne

10 MERIAN-Tipps
*Tipps und Empfehlungen
für Kenner und Individualisten*
Klappe hinten ----⇒

60 **Unterwegs in Barcelona**
*Kompakte Beschreibungen
aller wichtigen Sehenswürdigkeiten und Museen*

62 **Sehenswertes**
Zwischen den Stilen Barri Gòtic
und Modernisme
76 **Museen und Galerien**
Gaudí, Miró, Picasso & Co.

88 **Spaziergänge und
Ausflüge**
*Die schönsten Stadtrundgänge
und Ziele in der Umgebung*

Spaziergänge
90 Architektonische Pracht
im Zentrum
91 Jugendstil-Monumente in Gràcia
94 **MERIAN-Spezial:** Antoni Gaudí
und der Modernisme

Erläuterung der Symbole

👪 *Für Familien mit Kindern
besonders geeignet*

♿ *Diese Unterkünfte haben
behindertengerechte Zimmer*

🐕 *In diesen Unterkünften
sind Hunde erlaubt*

CREDIT *Alle Kreditkarten
werden akzeptiert*

✉ *Keine Kreditkarten
werden akzeptiert*

*Preise für Übernachtungen im
Doppelzimmer ohne Frühstück:*
●●●● *ab 180 €*   ●● *ab 80 €*
●●● *ab 110 €*   ● *ab 60 €*

*Preise für ein Menü mit Vorspeise
und Dessert, ohne Getränke:*
●●●● *ab 40 €*   ●● *ab 15 €*
●●● *ab 30 €*   ● *bis 15 €*

- 96 Hinauf zum Freizeitgelände Montjuïc
- 98 Vom Alten Hafen zum Olympiahafen
- 100 El Raval – Viertel mit besonderem Charme
- 102 Ciutat Vella – Durch das historische Zentrum der Stadt

Ausflüge
- 104 Montserrat – religiöse Mitte Kataloniens
- 105 Arenys de Mar – Costa Brava ganz beschaulich
- 106 Girona – Geschichte, Gaumenfreuden und Gemütlichkeit
- 107 Die Costa Brava – von Tossa de Mar nach Palafrugell
- 109 Figueres – Kleinstadt mit großem Dalí-Erbe
- 111 Vilafranca del Penedès – Wein als Lebenselixier
- 112 Tarragona – das katalanische Rom

- 116 **Wissenswertes über Barcelona**
  Praktische Hinweise und Hintergrundinformationen
- 118 **Geschichte** Jahreszahlen und Fakten im Überblick
- 120 **Sprachführer** Nie wieder sprachlos
- 122 **Essdolmetscher** Die wichtigsten kulinarischen Begriffe
- 126 **Barcelona von A–Z** Nützliche Adressen und Reiseservice

- 139 Kartenatlas
- 152 Kartenregister
- 156 Orts- und Sachregister
- 160 Impressum

Karten und Pläne

Barcelona .... Umschlagkarte vorne
Ciutat Vella .... Umschlagkarte hinten
Barri Gòtic 65
Gràcia 93
Tarragona 113
Barcelona und Umgebung 115
Metroplan 135
Kartenatlas 139–151

Die Buchstaben-Zahlen-Kombinationen im Text verweisen auf die Planquadrate der Karten, z. B.

→ S. 146, A 15 Kartenatlas
→ S. 65, b 2 Detailkarte innen oder Umschlagkarte hinten

Barcelona stellt sich vor

Links das Olympiastadion, rechts der futuristische Palau Sant Jordi: Beide Bauten, entstanden zu den Olympischen Spielen, gehören längst zu den Wahrzeichen der Stadt.

Die Modernisierungskur, der sich Barcelona für die Olympischen Spiele 1992 unterzog, hat der katalanischen Metropole neuen Glanz und viele Besucher gebracht.

Barcelona stellt sich vor

Sisyphos in Barcelona – ein Gefühl, das an den König von Korinth erinnert, der einen hinunterrollenden Felsblock bergauf wälzen musste und niemals seine Vorsätze zu einem befriedigenden Ende brachte. Da ist sie wieder, diese Stimmung, welche dieser Kosmos zwischen Hügeln und Meer, der sich wohlklingend mit den vier Silben Barcelona benennt, stets beschert und wohl immer wieder bescheren wird ...

Wer nach Barcelona reist, vielleicht schon zum wiederholten Male, wird sehr bald feststellen, dass man mit der katalanischen Metropole niemals fertig wird. So viele Attraktionen, immer wieder neue, **Gaudí, Picasso, Tàpies, Miró**, die mittelalterlichen Relikte und der Jugendstil, die Kultur- und Vergnügungsszene, die Märkte und Restaurants, die Stätten des Designs, der kommerzielle Trubel, eine sich ständig steigernde Überdosis an Verlockungen.

Über eine Art Grundstudium kommt man hier als Gast niemals hinaus. Diese Dichte, dieses Tempo! Dieses Barcelona verändert sich schneller, als der Besucher, der sich mit Schaulust, Neugier und Muße den örtlichen Verlockungen widmet, hinterherkommt. Stets bleiben Unternehmungen aufgespart: Man müsste, man sollte ... das nächste Mal.

Seit 1988 wird das Zentrum von Barcelona mit einem gigantischen Finanzaufwand der Stadt- und Regionalregierung modernisiert und um vielerlei neue Attraktionen ergänzt. Wer die Stadt vor den **Olympischen Spielen 1992** erlebt hat, reibt sich heute die Augen. Umgehungsstraßen, Kultur- und Sportstätten wurden gebaut, Industriezonen ausgelagert, ganze Stadtviertel saniert, historische Monumente, darunter auch die bedeutendsten Stadtpaläste des katalanischen Jugendstils, renoviert und auf Hochglanz gebracht. Der knallbunten Palette der Museen sind weitere hinzugefügt worden, in den letzten Jahren etwa das **Meeresmuseum**, das **Museum für Zeitgenössische Kunst (MACBA)** oder das rundum faszinierende **Museum der Geschichte Kataloniens**. Das **Nationalmuseum für die Kunst Kataloniens (MNAC)** wurde neu eingerichtet. Auf mehr als 40 Museen bringt es Barcelona mittlerweile, eingeschlossen das **Picasso-Museum**, das alljährlich von rund 800 000 Kunstfreunden aufgesucht wird.

Modernität und Innovation

Die massivste Innovation hat indes – angefacht durch die urbanen Strukturveränderungen für die Olympischen Spiele – den Hafenbereich und die Küste erfasst. Bis in die vorolympische Ära lebte Barcelona buchstäblich mit dem Rücken zum Meer. Das Hafenviertel galt als eine Art Hinterhof, heruntergekommen, mit Lagerschuppen, Fabrikhallen und Eisenbahnschienen verbaut. Und nun? Aus dem Hinterhof von einst ist eine regelrechte Nobelfassade geworden. Barcelona hat sich ein neues, Make-up-geschminktes Gesicht zugelegt, mondän und verführerisch, so als wolle die Stadt gerade hier mit geballtem Aufwand beweisen, dass sie den Anschluss an das moderne Europa gefunden hat.

Seit der **Moll d'Espanya** im alten Hafen mit einer schwenkbaren Holzbrücke verbunden wurde, drängen vornehmlich abends und am Wochenende tausende von Touristen und Einheimischen, zumal junge Leute, in dieses hypermoderne, aus Glas, Edelhölzern, Chrom und Designerfantasie errichtete Geschäfts- und Vergnügungszentrum. Die Verlockungen hier: ein Kinozentrum mit acht Sälen, zudem das IMAX Port Vell, ein Großformatkino der ultimativen Generation, dann ein riesiger, einer amerikanischen Mall nachempfundener

Shopping-Komplex (**Maremágnum**) mit Boutiquen, Bars und Restaurants; schließlich das viel besuchte Aquarium mit einer ebenso attraktiv gestalteten wie umfassenden Schau von Lebewesen aus dem Mittelmeer und anderen Weltmeeren.

Aber noch weitere Facetten zieren dieses neue Gesicht Barcelonas. Rund um den Olympiahafen und nahe der einstigen Wohnstätten der Olympioniken hat sich eine Vergnügungsszene mit schicken Nachtbars, Fischrestaurants und Terrassenlokalen beim Nobelhotel Arts gebildet – eine Art Trendparkett für den lokalen Jetset, vermögende Hobbysegler und die Eliten der Geschäftswelt. Zudem präsentiert sich der Küstenbereich beiderseits des Olympiahafens nach einem gründlichen Face Lifting nun gepflegt und kultiviert. Auf einer Länge von mehreren Kilometern sind an dieser ehemaligen Industrieküste ansehnliche Sandstrände mit Duschanlagen, Volleyballfeldern, Grünparzellen und Erfrischungsständen entstanden. Weitere sollen folgen, sobald die Anlagen für das »Forum 2004« (ein Kulturfest der Mittelmeerländer) und die Umsiedlung des Zoos hierher eine weitere Strandsanierung erlauben. Die Stadt hat sich vom Aschenputtel zum Spitzenreiter im Bereich des mediterranen Städtebaus gemausert. Barcelona, wie hast du dich verändert!

Die Ramblas, Barcelonas wichtigster Flanier- und Einkaufsboulevard, sind Bühne und Zuschauerraum zugleich.

Wohlstand, Kunst und Spaß

Sisyphos in Barcelona. Welchen Verlockungen aus der Fülle der angestammten oder neuartigen wendet er diesmal seine Aufmerksamkeit zu? Den Gemälden, Zeichnungen, Skulpturen und Textilien des großen avantgardistischen Künstlers **Joan Miró** im Museum der Miró-Stiftung auf dem Montjuïc? Den von Plüsch, Nostalgie, Dekadenz und Romantik erfüllten Tanzpalästen und Varietee-Kabaretts wie dem La Paloma? Den reizvoll altertümlichen Milchbars, »granjas« genannt, die in Barcelona noch überdauert haben? Dem **Museu del Perfum** mit seinen Duftgefäßen und -substanzen aus etlichen Jahrhunderten? Den fantasievoll gestalteten Parks? Den Haien, denen man im **Aquarium** aus nächster Nähe zuschauen kann? Dem originell gestalteten **Hafenviertel** mit dem Maremágnum? Dem neuen, didaktisch äußerst attraktiven **Museum der Geschichte Kataloniens**? Oder dem **Mercat de la Boquería**, einem äußerst würdevollen Wochenmarkt, wo die ganze kulinarische Fülle Kataloniens versammelt ist und man auch die ausgefallensten Delikatessen erwerben kann?

Barcelona stellt sich vor

Wenn eine der Verlockungen Barcelonas eine besondere Heraushebung verdient, so ist es die Spur des **Modernisme**, des katalanischen Jugendstils, verbunden mit dem Schaffen des genialen Baumeisters **Antoni Gaudí i Cornet** (1852–1926) sowie seiner Berufskollegen **Lluís Domènech i Montaner** (1850–1932) oder **Josep Puig i Cadafalch** (1867–1957). Dank eines rasanten wirtschaftlichen Aufschwungs gelangte am Ende des 19. Jahrhunderts das katalanische Großbürgertum zu immensem Reichtum. Die vermögenden Magnaten der Bourgeoisie engagierten die originellsten, avantgardistischsten Architekten, allen voran Gaudí, um ganze Siedlungen, Krankenhäuser, öffentliche Gebäude und pompöse Stadtpaläste im Stil des Modernisme errichten zu lassen. Eine stattliche Zahl dieser markanten, hochinteressanten Bauwerke hat im Zentrum Barcelonas, vornehmlich im so genannten Goldenen Viereck des Stadtviertels Eixample, überdauert. Die viel bestaunten **Casa Batlló**, **Casa Milà** (auch **La Pedrera** genannt), **Casa Fuster** oder **Casa Amatller** am Passeig de Gràcia zählen dazu (→ MERIAN-Spezial, S. 94).

Die Beschäftigung mit dem Modernisme ist eine Verlockung, der man sich bei jedem Besuch in Barcelona aufs Neue hingeben kann. Jedes von Gaudí kreierte Bauwerk erweist sich bei näherer Betrachtung als Augendelikatesse. Man sehe sich nur die **Sagrada Família**, das letzte große Meisterstück des katalanischen Visionärs, an. Oder den **Parc Güell**, der eigentlich als utopische Mustersiedlung konzipiert war und den Gaudí im Auftrag seines großen Gönners, des Industriellen und Bankiers Eusebi Güell, schuf. In diesem Parc Güell begreift man mit der Zeit sehr eindringlich die Philosophie und Formensprache Gaudís, die die Strenge der geraden Linie verwirft und sich stattdessen aus der Vorstellungswelt der Märchen, Fabeln, Sagen, unbewussten Fantasien und organischen Bauformen aus der Tier- und Pflanzenwelt bedient. Die an Elefantenbeine oder Baumstämme erinnernde Säulenhalle, auch die Häuser und die wunder-

Antoni Gaudí und der katalanische Jugendstil

Ende des 19. Jahrhunderts entwickelte sich Barcelona zum Zentrum des Jugendstils. Außer den Gaudí-Bauten gibt es, wie hier im Palau Robert, manches Detail zu entdecken.

bare, in der von Gaudís Kollegen Josep Maria Jujol so virtuos beherrschten Trencadis-Technik gearbeitete Mauerbank im Parc Güell verkörpern nicht Ordnung, kühle Berechnung oder martialische Pracht. Nein, sie sind Kompositionen der Sinnenlust, der Verspieltheit, der Fantasie und erscheinen bei näherer Betrachtung wie lebendige, im Schwellen, Fließen oder Schwingen begriffene Wesen.

Wer sich mit dem künstlerischen Schaffen Gaudís vertieft beschäftigen möchte, sei auch auf eine Ausstellung verwiesen, die in der **Casa Milà** zu sehen ist. Hier kann man viele Bauzeichnungen und Konstruktionspläne des großen katalanischen Meisters aus der Nähe bewundern. Ein Shop bietet Fachliteratur über Gaudí an, ein anderer findet sich auf dem Gelände der Sagrada Família.

W ahrlich: Barcelona, Gaudí und der Modernisme sind ein in jeder Hinsicht gehaltvolles Thema für den Gast, der sich anschickt, zumindest einige der typischen Attribute der katalanischen Metropole zu begreifen. Was weiter ist typisch? Mehr als 1,6 Millionen Einwohner drängen sich allein im Stadtgebiet von Barcelona auf einer Fläche von rund 9900 Hektar zusammen, 16 590 Menschen pro Quadratkilometer, sagen die Statistiker, weit mehr als etwa in Madrid mit 6654 Menschen pro Quadratkilometer. Es ist wohl auch diese enorme Dichte der Population, die das besondere Ambiente Barcelonas und das Lebensgefühl seiner Bürger bestimmt. Lärm, Getöse, das Chaos des Individualverkehrs, daneben ein öffentliches Nahverkehrssystem und andere kommunale Einrichtungen, die durchweg gut funktionieren, immerzu quirlige Vitalität, emsige Geschäftigkeit und ein gehöriges, geradezu ansteckendes Tempo in allen Belangen der Alltagsorganisation – auch das erscheint mir typisch für die Stadt Barcelona.

Zudem spürt man den Wohlstand, das vergleichsweise hohe Konsumniveau dieser prosperierenden Wirtschaftsmetropole. Barcelona ist in weiten Teilen eine vom geschäftlichen Erfolg eines begüterten Bürgertums geprägte Stadt, die sich weit mehr Kultur und Komfort leistet als die meisten anderen Städte Europas. Die Bürger Barcelonas vor allem, aber im Grunde alle Katalanen sind ausgesprochen stolz auf diese wirtschaftliche Kraft ihrer Heimat, auf die sprichwörtlich hoch entwickelte Geschäftstüchtigkeit der Katalanen, auf die eigenen Traditionen und historischen Wurzeln, auf die

Tempo, Geschäftssinn und nationale Identität

in der Franco-Diktatur verbotene und heute üppig wiederbelebte eigene Sprache, das »Català«.

Da und dort mag dem Besucher diese starke Betonung der katalanischen Eigenheiten womöglich etwas übertrieben erscheinen. Städtisch getragene Museen informieren über die ausgestellten Exponate vornehmlich in katalanischer Sprache. Auch Ankündigungen von Ämtern und Behörden, die Öffnungszeiten von Kulturstätten oder die Programme von Theater- oder Kunstveranstaltungen erfährt der Tourist gewöhnlich nur in Català. Die spanische oder englische Version muss man manchmal suchen. Doch wer sich darauf besinnt, wie entwürdigend für die Katalanen das Verbot ihrer Sprache während der düsteren Jahre der Franco-Diktatur gewesen sein muss, wird Verständnis dafür aufbringen, dass nicht nur das gesamte katalanische Selbstbewusstsein heute unter den Bedingungen der Demokratie eine schwunghafte Renaissance erfährt. Nirgendwo sonst hat sich dieses katalanische Selbstbewusstsein ein markanteres Denkmal gesetzt als in der Hauptstadt der aus vier Provinzen bestehenden autonomen Region: in Barcelona.

Gewusst wo ...

Manch ein Zimmer des Hotel Internacional bietet seinen Gästen einen Logenblick auf die Flaniermeile der Ramblas.

Die katalanische Hauptstadt beschert dem Besucher eine Fülle an Kultur, Unterhaltung und Vergnügungen. Ein stilvolles, zentral gelegenes Hotel rundet jeden Barcelona-Besuch ab.

Übernachten

Topmoderne Luxusherberge oder elegante Jugendstilvilla – die Auswahl an Hotels ist beachtlich.

44 Etagen des hinteren der beiden avantgardistischen Hochhaustürme direkt am Port Olímpic belegt das Fünf-Sterne-Hotel Arts. Der Blick über die Stadt ist atemberaubend.

Übernachten

Zu den Olympischen Spielen 1992 und auch danach sind die Hotelkapazitäten Barcelonas erweitert worden. Engpässe bei Unterkünften kann es dennoch bei Kongressen und Messen, vor allem aber in der sommerlichen Hochsaison und in der Karwoche geben. Eine beachtliche Zahl an Mittelklassehotels und einfachen Pensionen liegt rechts und links der Ramblas sowie in der Altstadt rings um die Kathedrale.

In manchen Hotelzimmern ist die Lärmbelästigung durch den Autoverkehr extrem, das gilt besonders für direkt an den Ramblas gelegene Unterkünfte. Am besten, man fragt ausdrücklich nach einem ruhigen Zimmer auf der dem Verkehrslärm abgewandten Seite des Hotels. Sehen Sie sich das Zimmer in Ruhe an, ehe Sie sich endgültig entscheiden.

Die Hotels sind offiziell, je nach Komfort und Ausstattung, in fünf Kategorien (ein bis fünf Sterne) eingeteilt. Fünf Sterne bedeuten Top-Luxus, über drei Sterne verfügt ein gewöhnlich ein Mittelklassehotel. »Hostals« (HS) gibt es in drei Klassen zwischen dem Drei-Sterne- und Ein-Stern-Niveau. Die Kategorisierung nach Sternen sollte man besser nicht allzu genau nehmen. Gelegentlich stößt man auf überraschend niveauvolle Hostals in der Zwei-Sterne-Kategorie, während man in manchem Ein-Stern-Hotel eine gediegenere Ausstattung der Zimmer findet als in einem auf Touristengruppen spezialisierten Drei-Sterne-Hotel in der Altstadt.

»Pensiones« (P) liegen in Komfort und Preis deutlich unter Hotels und Hostales, können aber durchaus akzeptable Bedingungen bieten. Sie sind v. a. bei Jugendlichen beliebt. Auch hier: Man nehme das Zimmer in Augenschein, ehe man es fest bucht.

Kostenlose Zimmervermittlung in der Infozentrale des Tourismusbüros, Plaça de Catalunya 17 f (Untergeschoss), Hotelbuchung per E-Mail: central@barcelona-on-line.es bzw. per Internet: www.barcelona-on-line.es oder www.hotelsbcn.com. Eine gute Hotelübersicht bieten auch www.hotels-barcelona.net (Deutsch) oder all-hotels-in-barcelona.com (Englisch). Last-Minute-Reservierungen bei www.barcelonahotels.es. Vermietung von Unterkünften auch unter www.ohbarcelona.com, www.citysiesta.com.

Hotels ●●●●

Arts ---> S. 151, E 23
Fünf Sterne, Top-Luxus in einem avantgardistisch gestalteten Hochhausturm direkt am Port Olímpic. Begehrte Trendlokalität für Prominenz, Stars und Sternchen, vermögende Moguln aus Industrie, Wirtschaft und Kultur. Grandiose Blicke auf das Meer.
C. de la Marina 19–21; Metro: Ciutadella-Vila Olímpica (d 3); Tel. 9 32 21 10 00, Fax 9 32 21 10 70; www.ritzcarlton.com; 482 Zimmer und Apartments ●●●● CREDIT ♿ 🐴

Condes de Barcelona ---> S. 146, B 15
Renommiertes Vier-Sterne-Hotel in einem historischen Stadtpalast. Mobiliar und Interieur entstammen dem katalanischen Jugendstil. Komfortable Zimmer, gediegener Service. Sonnenterrasse, Fitnesscenter, kleiner Pool, Garage, Konferenzräume.
Pg. de Gràcia 73–75; Metro: Diagonal (c 2); Tel. 9 34 67 47 80, Fax 9 34 67 47 81; www.condesdebarcelona.com; 183 Zimmer ●●●● CREDIT ♿ 🐴

Husa Internacional ---> S. 150, B 21
Beliebtes Traditionshotel direkt an den Ramblas. Ein Stern, aber mit Vorzügen ausgestattet, die einer höheren Kategorie entsprechen. Die zu den Ramblas hin liegenden Zimmer sind teilweise mit Balkon (Logenblick) ausgestattet, dafür aber – auch nachts – ziemlich laut. Viel internationales junges Publikum.
Las Ramblas 78; Metro: Liceu (c 3); Tel. 9 33 02 25 66, Fax 9 33 17 61 90; www.hotelhusainternacional.com; 59 Zimmer ●●●● CREDIT 🐴

Übernachten

Nouvel
⟶ Umschlagkarte hinten, d 3

Drei-Sterne-Hotel, untergebracht in einem schön restaurierten Modernisme-Gebäude, das sich sein Ambiente von Nostalgie und bürgerlichem Wohlstand mit einem Hauch Eleganz bewahrt hat. Trotz der Nähe zur Plaça de Catalunya und den Ramblas ruhig gelegen. Angeschlossen ist das ebenfalls nostalgisch anmutende Restaurant **La Lluna**. Aufzug, TV, Klimaanlage, Minibar, eigener Parkplatz. Einige Zimmer verfügen über eine Terrasse. Freundliches und zuvorkommendes Ambiente. Das Preisniveau erscheint allerdings etwas hoch.
Santa Anna 18-20; Metro: Catalunya (c 3); Tel. 9 33 01 82 74, Fax 9 33 01 83 70; www.hotelnouvel.com; 78 Zimmer ●●●● CREDIT

Montecarlo
⟶ Umschlagkarte hinten, c 3

Direkt an den Ramblas gelegenes Drei-Sterne-Hotel, untergebracht in einem restaurierten großbürgerlichen Gebäude mit pompöser Fassade und Eingangshalle. Aufenthaltsräume mit gepflegtem Prachtinterieur. Schöne Bar/Cafeteria, reichhaltiges Frühstück.
Las Ramblas 124; Metro: Pl. Catalunya (c 3); Tel. 9 34 12 04 04, Fax 9 33 18 73 23; www.hotel-montecarlo.tobook.com; 55 Zimmer ●●●● CREDIT ♿

Hotels ●●●
Actual
⟶ S. 146, B 14

Kleines, modern ausgestattetes Drei-Sterne-Hotel, zwar nicht sehr zentral gelegen, aber doch gut per Metro zu erreichen. Überzeugend ist hier die Qualität der Zimmer. Vorbildliche Schalldämmung, TV, Minibar, praktisch und komfortabel eingerichtete Bäder. Wäscherei im Haus, eigene Parkgarage, ruhige Bar im ersten Stock, Internetanschluss. Der Clou des Hauses ist der schöne nächtliche Blick auf das Jugendstilgebäude Casa Milà, im Volksmund »La Pedrera« genannt. Wer dieses außergewöhnliche Panorama auskosten möchte, miete sich ein zum Innenhof gelegenes Zimmer.
Rosselló 238; Metro: Diagonal (c 2); Tel. 9 35 52 05 05, Fax 9 35 52 05 55, www.hotelactual.com; 29 Zimmer ●●● CREDIT ♿ 🐕

Fantastische Lage direkt gegenüber der Kathedrale: Das Colón ist ein Klassiker mit Charme in der vielfältigen Hotellerielandschaft Barcelonas.

Übernachten

Amrey International
⇢ S. 147, westl. F 16

Seit 2002 bestehendes Drei-Sterne-Hotel in der aufstrebenden Wohn- und Geschäftszone Diagonal Mar nahe der neu geschaffenen Strände und der Rambla de Poblenou. Moderne, komfortabel eingerichtete Zimmer. Große Parkgarage. Eigenes Restaurant, oft Sonderangebote im Januar.
Av. Diagonal 161–163; Metro: Poble Nou (e 3); Tel. 9 34 86 88 00, Fax 9 33 09 67 27; www.ciudania.net/barcelona_3/hoteles_amrey_diagonal.html; 154 Zimmer ●●● CREDIT

Apartaments Gutenberg
⇢ S. 150, A 22

Gepflegte, saubere, akzeptabel ausgestattete Apartments in einem fünfstöckigen Neubau in zentraler Lage nahe dem Monument a Colom und den Ramblas. Die Rezeption ist rund um die Uhr besetzt. Freundlicher Service. Cafeteria mit leckeren Mittagsmenüs.
Pge. de Gutenberg 7; Metro: Drassanes (c 3); Tel. 9 33 02 71 11, Fax 9 33 18 61 64; E-Mail: reservas@apartamentsgutenberg.com; www.apartamentsgutenberg.com ●●● AmEx MASTER VISA

Gaudí
⇢ Umschlagkarte hinten, c 5

Drei Sterne, zentrale Lage; saubere, zweckmäßig eingerichtete Zimmer ohne besondere Extras. Restaurant, Bar. Rund ums Jahr bei Besuchern beliebt, im Sommer besser reservieren.
C. Nou de la Rambla 12; Metro: Liceu (c 3); Tel. 9 33 17 90 32, Fax 9 34 12 26 36; www.hotelgaudi.es; 73 Zimmer ●●● CREDIT ♿ 🐕

Lleó
⇢ S. 146, A 16

Drei Sterne, zentrale Lage nahe der Plaça de Catalunya, hinreichend komfortable Zimmer mit Telefon, TV, Klimaanlage. Nur rückwärtig gelegene Zimmer sind frei vom Straßenlärm.
C. de Pelai 22 und 24; Metro: Catalunya (c 2/3); Tel. 9 33 18 13 12, Fax 9 34 12 26 57; www.hotel-lleo.es; 76 Zimmer ●●● CREDIT ♿ 🐕

Medicis
⇢ S. 147, F 14

Zur Medium-Hotelkette gehörendes Haus mit zwei Sternen. Gutes Mittelklasseniveau und günstige Lage am Rand des quirligen Zentrums an einer relativ ruhigen Kreuzung. Die Sagrada Família befindet sich in Fußmarschnähe. Moderne zweckmäßige Einrichtung. Alle Zimmer ausgestattet mit Safe, Klimaanlage, Heizung, TV, Haartrockner, Wäscheservice. Parkplatz vorhanden. Keine besonderen Extras, aber sauber und korrekter Service. Professionelle Hotelleitung, vergünstigte Preise in der Nebensaison.
C. Castillejos 340; Metro: Hospital de Sant Pau (d 2); Tel. 9 34 50 00 53, Fax 9 34 55 34 81; www.mediumhoteles.com; 29 Zimmer ●●● CREDIT 🐕

Racó del Pi
⇢ Umschlagkarte hinten, d 4

2002 eröffnetes Hotel in einem denkmalgeschützten Haus in der Altstadt. Die historische Fassade ist gut erhalten. Zentrale Lage, moderner, komfortabler Standard. Zimmer mit Bad, Telefon, Minibar, Klimaanlage, Safe, Haartrockner, Heizung. Die Suiten verfügen über einen Jacuzzi; Internetzugang. Einige Zimmer mit kleinem Balkon und Sicht auf die Straße. Saubere und praktisch eingerichtete Räumlichkeiten. Angeordnet sind die Zimmer um einen Innenhof, der im Sommer für die Hausgäste nutzbar ist.
C. del Pi 7; Metro: Liceu (c 3); Tel. 9 33 42 61 90, Fax 9 33 42 61 91; www.hotelracodelpi.com; 37 Zimmer ●●● CREDIT ♿

Rivoli Ramblas
⇢ Umschlagkarte hinten, c 3

Beste Lage an den Ramblas, gehobener Komfort, geschmackvolles Designerinterieur, elegant ausgestattete Zimmer. Weitgehend behindertengerecht konstruiert. Aussichtsterrasse, Sauna, Solarium, Whirlpool, eigene Parkmöglichkeit. Vier Sterne.
Las Ramblas 128; Metro: Liceu (c 3); Tel. 9 33 02 66 43, Fax 9 33 17 50 53;

E-Mail: reservas@rivolihotels.com;
87 Zimmer ●●● CREDIT ♿

HOTELS ●●
Astoria ····⫶▶ S. 146, A 14
Günstige Lage im oberen Eixample-Viertel in der Nähe mehrerer Bürgerhäuser im Modernisme-Stil. Drei Sterne. Überzeugende Verbindung von Komfort und gediegener Atmosphäre. Moderne Ausstattung mit Klimaanlage, Safe und schalldichten Zimmern. Eigener Parkplatz, Bar, Restaurant. Etwas teures (11 €), aber opulentes Frühstück. Das Hotel gehört zur renommierten Derby-Kette.
C. Paris 203; Metro: Diagonal (c 2); Tel. 9 32 09 83 11 und 9 32 00 39 54, Fax 9 32 02 30 08; www.derbyhotels.com; 117 Zimmer ●● CREDIT 🐕

Banys Orientals
····⫶▶ Umschlagkarte hinten, e 5
Bei der gotischen Kirche Sta. María del Mar, aber doch ganz innenstadtnah gelegenes stilvolles Haus von historischem Rang, fantasievoll und modern restauriert. Geschmackvolles Ambiente, die Dekoration ist zuweilen etwas prätentiös, aber elegant und gediegen. Nüchtern und praktisch eingerichtete Zimmer; angenehm große Betten, modern gestylte, ein wenig klein geratene Bäder. Professionell geführtes Haus. Kostenloser Internetzugang. Im Erdgeschoss das anspruchsvolle Restaurant **Señor Parellada**. Im Untergeschoss soll in naher Zukunft eine orientalische Badeanlage eingerichtet werden.
C. Argentería 37; Metro: Jaume I (c 3); Tel. 9 32 68 84 60, Fax 9 32 68 84 61; www.hotelbanysorientals.com; 43 Zimmer ●● CREDIT

España ····⫶▶ Umschlagkarte hinten, b 5
Gediegenes Traditionshotel (zwei Sterne) mit illustrer Geschichte. Günstige Lage nahe der Ramblas. Würdevolle Speisesäle mit Stuck, Kaminskulptur, Lüster und Dekorationen des barcelonesischen Jugendstils, mitgestaltet vom Stararchitekten Lluís Domènech i Montaner. Verblichener Pomp, zwanglose Atmosphäre; ein erlebenswerter Klassiker unter den Hotels der Stadt. Einfache Ausstattung der Zimmer. Manchmal etwas laut.
C. de Sant Pau 9 und 11; Metro: Liceu (c 3); Tel. 9 33 18 17 58, Fax 9 33 17 11 34; www.hotelespanya.com; 69 Zimmer ●● AmEx MASTER VISA ♿ 🐕

Hostal D'Uxelles ····⫶▶ S. 146, C 16
Zwei-Sterne-Hostal mit sehr überzeugendem Preis-Leistungs-Verhältnis. Viele Bequemlichkeiten, die ansonsten in höheren Preiskategorien geboten werden. Das Haus wurde im Jahr 2001 komplett renoviert, der alte Hausdekor behutsam erneuert. Die Wandfarben in Weiß und Ocker blieben weitgehend erhalten, auch die alten Spiegel und der etwas altertümlich anmutende andalusisch inspirierte Stil des Dekors. Zimmer mit Bad, Ventilator, TV, Telefon, Terrasse. Kleiner stiller Haussalon, parkettgedeckte Flure. Freundlicher, fast familiärer Service. Alles sauber und adrett.
Gran Via de les Corts Catalanes 688 Pral.; Metro: Tetuan (d 2); Tel. 9 32 65 25 60, Fax 9 32 32 85 67; www.hotelduxelles.com; 14 Zimmer ●● CREDIT

Peninsular
····⫶▶ Umschlagkarte hinten, b 5
Angenehmes und ruhiges Ein-Stern-Hotel in zentraler Lage in der Nähe der Ramblas. Die Zimmer sind recht klein, aber sauber und praktisch eingerichtet. Guter Service.
C. Sant Pau 34; Metro: Liceu (c 3); Tel. 9 33 02 31 38, Fax 9 34 12 36 99; www.softguides.com/barcelona/alojamiento/hostales.html; 40 Zimmer ●● CREDIT

Sant Agustí
····⫶▶ Umschlagkarte hinten, c 4
Angeblich das älteste Hotel Barcelonas (von 1840), untergebracht in den Gebäuden eines ehemaligen Augustinerklosters am gleichnamigen Platz. Bevorzugte Lage in der Altstadt,

Übernachten 17

MERIAN-Tipp

1 Hotel Colón

Ein auf Tradition bedachter Klassiker unter den Hotels in Barcelona. Herrliche Lage an der Avinguda Catedral mit Blick auf die Kathedrale und den vor allem an Wochenenden belebten Vorplatz. Gediegene Zimmer, gemütliche Piano-Bar, diverse Salons, Restaurant, schönes Terrassencafé, eigene Parkplätze, Konferenzräume. Von klassischer Etikette geprägter Service, opulentes Frühstück.

Av. Catedral 7; Metro: Jaume I (c 3); Tel. 9 33 01 14 04, Fax 9 33 17 29 15; www.hotelcolon.es, E-Mail: info@hotelcolon.es; 145 Zimmer ●●●● CREDIT
⸺> Umschlagkarte hinten, d 4

Steinwände und Balkendecken im Innern wurden vorbildlich konserviert. Unterschiedlich geschnittene Zimmer, alle mit Klimaanlage, TV, Bad, manche gar mit Balkon. Internetanschluss in der Halle. Das Frühstück wird in einem hellen Salon mit schönem Blick auf den Platz gereicht. Drei Sterne. Solide gehobene Mittelklasse.
Pl. Sant Agustí 3; Metro: Liceu (c 3); Tel. 9 33 18 16 58, Fax 9 33 17 29 28; www.hotelsa.com; 75 Zimmer ●● CREDIT

Sant Pau ⸺> S. 147, westl. F 14

Im Jahr 2000 eröffnetes Zwei-Sterne-Hotel mit Blick auf das Jugendstilgebäude Hospital de Sant Pau. Moderne Zimmer mit Telefon, Klimaanlage, TV. 18 Zimmer verfügen über eine Terrasse. Eigene Parkmöglichkeiten sind vorhanden, Cafeteria, Restaurant, Wäscherei. Freundlicher Service, internationale Klientel. Angemessene Preise.
C. de Sant Antoni María Claret 173; Metro: Hospital de Sant Pau (d 2); Tel. 9 34 33 51 51, Fax 9 34 73 37 27; E-Mail: amraysantpau@sercotel.es; 93 Zimmer ●● AmEx MASTER VISA

HOTELS ●
Fontanella
⸺> Umschlagkarte hinten, e 3
Gutes Beispiel für ein freundlich und engagiert von den Besitzern selbst geführtes Hostal, das bereits seit 1945 besteht; eingerichtet in einem Jugendstilgebäude aus dem Jahr 1881. Zentrale Altstadtlage. Saubere, geräumige, meist eher schlicht ausgestattete Zimmer, einige jedoch mit antikem Mobiliar. Alle Zimmer mit TV; Wäschereiservice.
Vía Laietana/Ecke C. Fontanella 71, 2. Etage; Metro: Urquinaona (c 3); Tel./Fax 9 33 17 59 43; 15 Zimmer ● CREDIT

HOTELS IN DER UMGEBUNG
Hesperia Sarrià ⸺> S. 141, E 3
In ruhiger Lage, von schönen Gärten umgeben. Moderne, komfortable Ausstattung. Vier Sterne. Nahe der Ronda de Dalt, günstige Anbindung ins Zentrum.
C. dels Vergós 20; Ferrocarril: La Bonanova (c 2); Tel. 9 32 04 55 51, Fax 9 32 04 43 92; www.hoteles-hesperia.es; 134 Zimmer ●●● CREDIT

Ibis Barcelona Meridiana
⸺> S. 147, westl. F 13
Etwas außerhalb des inneren Zentrums gelegen, aber mit der Metro gut zu erreichen. Untergebracht im Hochhaus des im Jahr 2000 gebauten Freizeitzentrums Heron City mit Fitness-Zentrum, Kino, Bowling-Bahn, Geschäften, Bars, Restaurants etc. Etwas klein geratene, aber saubere, praktisch und modern eingerichtete Zimmer. Die attraktiveren verfügen über einen Blick nach draußen (Parkgegend). Der größte Vorteil dieses Zwei-Sterne-Hotels ist der relativ günstige Preis. Gelegentlich auch reduzierte Sonderpreise, Buchung auch per Internet.
Av. Rio de Janeiro 42; Metro: Fabra i Puig (e 2); Tel. 9 32 76 83 10, Fax 9 32 76 19 15; www.ibishotel.com bzw. www.accorhotels.com; 143 Zimmer ●● CREDIT

Essen und Trinken

Spezialitäten aus dem Meer und Gebirge werden aufgeboten, dazu katalanische Weine und Cavas.

Eine typische Tapas-Bar an den Ramblas – die kleinen delikaten Appetithäppchen werden häufig im Stehen verzehrt.

Essen und Trinken

Die Gastronomie der katalanischen Hauptstadt entspricht voll und ganz den hohen Erwartungen, die man an eine Millionenstadt am Mittelmeer stellen darf. Der im nationalen Vergleich überdurchschnittliche Lebensstandard hat in Barcelona eine sehr beachtliche Zahl an Restaurants der oberen Mittelklasse oder gar der Luxusklasse hervorgebracht, wo sich das vermögende Bürgertum kulinarisch vergnügt. Preiswertere Restaurants, Tapas-Bars, Bodegas, Tavernen, Imbisslokale und Cafés findet der Besucher vornehmlich an den Ramblas (viele Fastfood-Lokale) und in der gesamten Altstadt zwischen Hauptpost und Mercat Sant Antoni, in den innenstadtnahen Teilen der Eixample sowie in Barceloneta.

In Katalonien werden zu vielen Gerichten spezielle **Saucen** gereicht. Äußerst beliebt ist die »samfaina«, eine pikante Gemüsesauce, bereitet aus Paprikaschoten, Tomaten und Auberginen. »Allioli« ist eine im Mörser gestoßene Knoblauch-Mayonnaise. Für die »picada« werden vornehmlich Knoblauch, Petersilie, geröstete Mandeln und klein gehackte Pinienkerne verwendet. Die Basis für einen »sofrito«, eine dicke Sauce, sind Zwiebeln, Knoblauch, gebratene Tomaten und Petersilie. Sehr geschätzt ist auch die »torrada«, der man sich gern in Landgasthöfen widmet, um den großen Hunger vor dem Hauptgericht zu mäßigen. Eine große geröstete Scheibe Bauernbrot wird mit Olivenöl getränkt und mit Tomatenstücken und einer rohen Knoblauchzehe eingerieben.

Von vorzüglicher Güte sind gewöhnlich die Äpfel, Birnen, Kirschen und Pfirsiche aus der Provinz Lleida, die Anchovis aus der Bucht von Roses oder die Haselnüsse aus Reus (Provinz Tarragona). Stars unter den **Wurstwaren** sind die »fuet«, eine würzige Dauer- bzw. Hartwurst aus der Gegend von Vic, sowie die »butifarra«, eine gefüllte Bratwurst, die gern mit Pilzen oder weißen Bohnen kombiniert wird. Beliebt sind auch die »salchichón«, eine aus Magerfleisch und Gewürzen bereitete salamiartige Hartwurst, und die ursprünglich aus Mallorca stammende »sobrasada«, eine feine, streichfähige Paprikawurst.

Vergessen wir die »crema catalana« nicht, Kataloniens berühmteste

Süße Früchte und deftige Würste

Nachspeise. Es gibt sie als Fertigprodukt, doch unvergleichlich aromatischer schmeckt die Cremespeise hausgemacht. Die knackige Karamellkruste über der Cremeschicht muss noch warm sein; dann duftet sie betörend nach Karamell und verbindet sich optimal mit der Creme.

Cavas nennt man die nach der Champagnermethode flaschenvergorenen Qualitätsschaumweine, die zum allergrößten Teil in der westlich von Barcelona gelegenen D. O. Penedès (D. O. = Denominación de Origen, Weinanbaugebiet mit gesetzlich geregelter Herkunftsbezeichnung) hergestellt werden. Die Grundweine für diese dem Sekt ähnlichen Cavas wer-

MERIAN-Tipp

2 Moncho's

Man fühlt sich wie im Speisesaal eines America-Liner-Schiffes: Sturmlampen, Bullaugen, Marinedekor, Reling mit Tauen. Und man kann hier mit recht wenig Geld opulent und delikat schlemmen. Grandioses Vorspeisenbuffet mit Salaten, Suppen, Meeresfrüchten, Fleischspießchen, Reisgerichten etc. Angeschlossen ist auch eine empfehlenswerte Tapas-Bar. Köstliche, großzügig bemessene Hauptspeisen. Nach 21.30 Uhr meist gehöriger Rummel. Parkgarage.

Trav. de Gràcia 44–46; Metro: Diagonal (c 2); Tel. 9 34 14 66 22; tgl. 13–1 Uhr ● bis ●● AmEx MASTER VISA ⟶ S. 146, A 13

Essen und Trinken

Das Edelrestaurant Jean Luc Figueras des gleichnamigen Spitzenkochs bietet leichte französisch-katalanische Kreationen in einem eleganten Ambiente.

den zumeist aus den traditionellen Rebsorten Parellada, Macabeo und Xarel.lo gekeltert, einige Bodegas reichern neuerdings die Cuvée auch noch mit Chardonnay an. Zentrum der katalanischen Cava-Produktion ist San Sadurní d'Anoia, wo auch die gigantisch großen Cava-Unternehmen Freixenet und Codorníu ansässig sind (→ MERIAN-Spezial, S. 30). Die D. O. Penedès bringt nicht nur exzellente Cavas, sondern gerade in jüngster Zeit auch vorzügliche, modern komponierte Rot- und Weißweine hervor.

Mit interessanten **Rotweinen**, darunter überraschend duftigen, vollmundigen Merlots, kann inzwischen das zur Provinz Lleida gehörige Anbaugebiet Costers del Segre aufwarten. Noch erfolgreicher im Rotweinbereich hat sich in den letzten Jahren durch die Initiative einiger Privatwinzer die flächenmäßig recht kleine D. O. Priorat(o) entwickelt. Sie bringt auf der Basis von Cariñena-, Cabernet-Sauvignon- und Garnacha-Reben, die teilweise rund 100 Jahre alt sind und auf Schiefer-Steillagen wachsen, enorm dichte, tiefgründige und komplexe Rotweine hervor. Diese durch geschmackliches Raffinement geprägten Weine, etwa die von Scala Dei, Álvaro Palacios, Carlos Pastrana oder René Barbier, gehören zum Interessantesten, was Katalonien im Rotweinbereich zu bieten hat.

Die Restaurants öffnen in der Regel zwischen 13 und 16.30 und dann wieder zwischen 21 und 24 Uhr. Sonntags sind viele Restaurants am Abend geschlossen; einige schließen auch den gesamten Montag.

Auch für Barcelona gibt es inzwischen ein Gutscheinbuch. In derzeit 20 Restaurants speist man nach dem Prinzip »Zwei Hauptgerichte bestellen, nur eins bezahlen« (Info: www.gutscheinbuch.de).

RESTAURANTS ●●●●
Casa Calvet ····→ S. 146, C 16
Nobelrestaurant mit einzigartigem Ambiente im gut erhaltenen Salon der von Gaudí 1890 erbauten Casa Calvet.

Essen und Trinken

Klassische katalanische Küche mit französischen Akzenten, hohes kulinarisches Niveau. Feine Wildgerichte und Fischplatten, Entenleber und pochierte Eier mit Spargel und Gänseleber. Für ein stilvolles, exquisites Abendessen eine der besten Adressen in der Stadt. Entsprechende Preise.
C. Casp 48; Metro: Urquinaona (c 3); Tel. 9 34 12 40 12; So geschl. ●●●● CREDIT

Jaume de Provença ┄┄> S. 145, E 11
Pilgerziel ambitionierter Feinschmecker. Hochverfeinerte katalanische Traditionsküche mit Rezepten und Produkten aus dem Hinterland sowie von der Küste, auch baskisch inspirierte Gerichte. Marktfrische Produkte der Saison. Seit Jahren unter der professionellen Leitung von Jaume Bargués. Fachgerechter Service, in Anbetracht der gebotenen Leistungen angemessene Preise. Himmlisch ist der gedünstete Seehecht auf Kräutern und Algen. Bestens sortierte Weinkarte. Reservierung empfehlenswert.
C. de Provença 88; Metro: Entença (c 2); Tel. 9 33 22 79 31; So abends, Mo und im Aug. geschl. ●●●● CREDIT

Jean Luc Figueras ┄┄> S. 146, B 14
Der Name des Restaurants bzw. des gleichnamigen Kochs französisch-katalanischer Herkunft steht in Barcelona seit vielen Jahren für kulinarische Hochkultur. Das elegant eingerichtete Restaurant ist in einem noblen Gebäude im Stadtteil Gràcia untergebracht. Äußerst fantasievolle katalanisch-französische Speisen mit frischen Grundprodukten aus Gebirge und Meer. Leichte, aromatische mediterrane Küche at its best. Sehr attraktives, abwechslungsreiches Gourmet-Menü, köstliche Desserts. Absolut umwerfend: die Seegurke in Butter und Mandelcreme sowie das Apfelkompott mit Zimteis und Gin. Reservierung empfehlenswert.
C. Santa Teresa 10; Metro: Diagonal (c 2); Tel. 9 34 15 28 77; Sa mittags, So geschl. ●●●● CREDIT

Neichel ┄┄> C 4, S. 141
Eine paradiesische Lokalität nahe der Plaça Pius XII für alle anspruchsvollen Gourmets. Gelungene, kreative Mischung aus Nouvelle Cuisine und mediterraner Küche unter der professionellen Leitung des preisgekrönten Spitzenkochs Jean Louis Neichel, der auf spleenige Effekte verzichtet, sondern solide Qualität auf hohem Niveau bietet. Vorzügliche Weinkarte, umfassende Käseauswahl aus allen Teilen der Iberischen Halbinsel und aus Frankreich, exquisite Desserts. Für nicht wenige Kenner ist das Neichel derzeit das Beste, was Barcelona zu bieten hat. Reservierung ist unbedingt empfehlenswert.
C. Beltrám i Rózpide 16; Metro: María Cristina (b/c 2); Tel. 9 32 03 84 08; So, Mo und im Aug. geschl. ●●●● CREDIT

RESTAURANTS ●●●
Can Travi Nou ┄┄> S. 143, F 5
Solide katalanische Traditionsgerichte, serviert in einem sehenswerten Gebäude mit Terrasse und Garten. Sehr delikat: Kaninchen mit Kaisergranat. Katalanische Weine. Gehobenes Niveau, angenehm zivile Preise. Reservierung empfehlenswert.
C. Jorge Manrique s/n; Metro: Montbau (d 1); Tel. 9 34 28 03 01; So abends geschl. ●●● AmEx MASTER VISA

Casa Isidro ┄┄> S. 149, F 17
Kleines, elegantes Lokal mit umfangreicher Stammkundschaft aus der Welt der Künstler und Theaterleute. Das Restaurant zieren Originalbilder von katalanischen Malern. Unter der sympathischen Leitung von Isidro Gironés und seiner Frau serviert man in der Casa Isidro garantiert marktfrische Produkte, vielfach vom Mercat de la Boquería. Tadellos sind etwa die Entenleber mit Feigen oder das Carpaccio vom Kabeljau. Reservierung empfehlenswert.
C. de les Flors 12; Metro: Parallel (c 3); Tel. 9 34 41 11 39; So und im Aug. geschl. ●●● CREDIT

Essen und Trinken

La Cúpula ⇢ S. 147, E 14
Modern gestaltetes, von Helligkeit erfülltes Restaurant in einem Neubau nahe der Sagrada Família. Kreative und klassisch katalanische Küche auf gehobenem Niveau. Marktfrische Produkte, schnörkellose, auf kulinarisch sinnvolle Kombinationen konzentrierte Rezepte. Traditionsgerichte wie Steinbutt und Ochsenschwanz, aber auch eigenwillige Kreationen wie Lauchcremesuppe mit Heringsrogen, Lachspüree oder diverse pfiffig kombinierte Pilzgerichte. Gehobene, aber nicht überzogene Preise.
C. Sicilia 255; Metro: Joanic (d 2); Tel. 9 32 08 20 61; Sa mittags und So geschl. ●●● CREDIT

Hofmann
  ⇢ Umschlagkarte hinten, e 5
In diesem von Gourmets hoch gelobten Restaurant werden traditionelle katalanische Gerichte raffiniert verfeinert. Auch die vorzüglichen Nachspeisen verdienen Aufmerksamkeit. Exquisites kulinarisches Niveau.
C. Argentería 74; Metro: Jaume I (c 3); Tel. 9 33 19 58 89; Sa, So, Fei geschl. ●●● AmEx MASTER VISA

Els Pescadors ⇢ S. 151, östl. F 21
Unter Kennern der Stadt hoch gehandelte Empfehlung für Freunde exquisiter Meeresfrüchte- und Fischgerichte. Etwas abseits gelegen, aber mit guten Parkmöglichkeiten in Strandnähe. Auch per Metro einigermaßen gut zu erreichen. Das einst an den Industriegleisen von Poble Nou gelegene Restaurant war ursprünglich ein Billiglokal für die wenig wohlhabende Vorortbevölkerung. Inzwischen gehört es aber längst zur gehobenen Klasse, und der Neubau ringsum wertet diese Zone sichtbar auf. Blitzsaubere, professionell ausgestattete Küche. Schöne Terrasse an dem kleinen Platz unter großen Bäumen, genussvolles Ambiente. Besonders lohnend: die Fischeintöpfe bzw. die Brassen und Schwertfische.
Pl. Prim 1; Metro: Poblenou (e 3); Tel. 9 32 25 20 18 ●●● CREDIT

La Provença ⇢ S. 146, A 14
Gediegen bürgerliches Restaurant in gepflegtem Rahmen. Kreative Mittelmeerküche, feine, provenzalisch inspirierte Gerichte, herausragend gute Desserts. Ausgewogene Weinkarte und rundweg überzeugendes Preis-Leistungs-Verhältnis.
C. de Provença 242; Metro: Diagonal (c 2); Tel. 9 33 23 23 67; tgl. geöffnet ●●● CREDIT

Restaurants ●●

Agut ⇢ Umschlagkarte hinten, d 5
Beliebtes, durchweg preiswertes Traditionslokal in der Altstadt nahe der Hauptpost. Stammkundschaft, vorwiegend Künstler und Intellektuelle. Geschmackvolle Einrichtung, auf den Tisch kommen vorzügliche Reis- und Kaninchengerichte. Reservierung empfehlenswert.
C. d'En Cignàs 16; Metro: Jaume I (c 3); Tel. 9 33 15 17 09; So abends und Mo geschl. ●● AmEx MASTER VISA

Carballeira
  ⇢ Umschlagkarte hinten, e 6
Alteingesessenes, galizisch geführtes Fischrestaurant. Jederzeit garantiert frische Primärprodukte. Gemütliche Einrichtung. Nahe dem Hafen gelegen. Oft bis auf den letzten Platz besetzt, Reservierung ratsam.
C. Reina Cristina 3; Metro: Barceloneta (c/d 3); Tel. 9 33 10 10 06; So abends und Mo geschl. ●● AmEx MASTER VISA

Casa Leopoldo
  ⇢ Umschlagkarte hinten, b 4
Vor allem in den Umbruchjahren 1970 bis 1980 galt die 1929 gegründete Casa Leopoldo als Literatenrestaurant. Später speisten hier Prominente wie Juan Marsé oder Eduardo Mendoza. Auch der katalanische Schriftsteller Manuel Vázquez Montalbán, der in der Nähe aufwuchs, bevorzugte dieses Restaurant, das auch in seinen Kriminalromanen eine wichtige Rolle

Essen und Trinken

Wer das beliebte Restaurant Agut besuchen möchte, sollte unbedingt reservieren.

spielt. Nach wie vor ist die Casa Leopoldo ein Traditionslokal der bürgerlichen Mittelschicht, spezialisiert auf deftige, kräftige katalanische Küche. Das bezeugt am besten das viel gerühmte Ochsenschwanzragout. Fischgerichte und Meeresfrüchte dominieren die Speisekarte. Marktfrische Produkte. Viel intellektuelles Publikum, das die literarische Tradition des Hauses schätzt.
C. Sant Rafael 24; Metro: Liceu (c 3); Tel. 9 34 41 30 14; So abends und Mo geschl.
●● CREDIT

Chicoa ⇢ S. 146, A 15
Populäres Lokal für anspruchsvoll zubereitete katalanische Hausmannskost zu günstigen Preisen. Spezialität des Hauses: Fisch-, vor allem Kabeljaugerichte in mehreren Variationen. Rustikale Einrichtung mit viel Holz und Keramik. Gesellige, nicht gerade leise Atmosphäre.
C. d'Aribau 71; Metro: Universitat (c 2); Tel. 9 34 53 11 23; So, Fei geschl. ●●
AmEx VISA

El Convent ⇢ S. 150, A 21
In dieser ehemaligen Mönchsresidenz werden katalanische Spezialitäten geboten, darunter allein etwa zehn verschiedene Bacalao-Arten. Einfache Hausmannskost.
C. de Jerusalem 3; Metro: Liceu (c 3); Tel. 9 33 17 10 52, Fax 9 33 02 31 12; So geschl. ●● AmEx MASTER VISA

El Medulio ⇢ S. 146, B 13
Gepflegt volkstümlich im galicischen Landhausstil eingerichtetes Lokal, spezialisiert auf galicische Rezepturen. Tadellos frische Meeresfrüchte, diverse Fischrezepturen, Reisgerichte, deftige Eintöpfe und Suppen. Galicische Weißweine, Rotweine aus La Rioja etc. Ein Tipp für Liebhaber typisch galicischer Spezialitäten.
Av. Princep d'Astúries 6; Metro: Fontana (c 2); Tel. 9 32 17 38 68; So abends geschl.
●● CREDIT

Paco Alcalde ⇢ S. 150, C 23
Ein Klassiker für gepflegte Fischküche, die sich an erstklassigen frischen

MERIAN-Tipp

3 El Asador de Aranda

In einem noblen Viertel gelegenes Restaurant mit bemerkenswerten Besonderheiten. Größte Attraktion: das wunderschöne Gebäude, die als denkmalgeschütztes Kleinod eingestufte Casa Roviralta, ein wahres Prachtpalais des katalanischen Jugendstils (Modernisme). Der Besucher speist in einem geradezu filmreifen Ambiente mit Buntglasfenstern, verspielten Dekorationen, Lüstern, Holzverkleidungen, herrschaftlichen Möbeln und sonstigen Zierelementen nobelster Provenienz. Das Restaurant verfügt über mehrere Salons, eine schöne Terrasse und eine offene Backofenküche. Fast jeden Abend herrscht hier ab 21 Uhr Hochbetrieb (unbedingt reservieren!). Es gibt keine Speisekarte. Angeboten werden lediglich einige im Backofen auf zünftige Art zubereitete Fleischgerichte, vor allem Lammspezialitäten.

Av. del Tibidabo 31; Bus Nr. 22; Tel. 9 34 17 01 15 und 9 32 12 24 82; www.asadoraranda.com; tgl. geöffnet
●● CREDIT ---> S. 142, B 6

Speisekarte weist gewöhnlich mehr als 50 diverse Tapas aus. Dazu gesellen sich auch noch einige aktuell ins Sortiment aufgenommene Tapa-Kreationen. Auch ausländische Biersorten. Kosmopolitisches Publikum, viele Urlauber, aber auch Nachbarn aus der Umgebung. Von den Plätzen vor dem Gebäude hat man einen lohnenden Blick auf die berühmte und viel besuchte Casa Batlló. Eine willkommene Lokalität für einen kleinen delikaten Happen am Mittag oder späten Nachmittag.

Pg. de Gràcia 44; Metro: Pg. de Gràcia (c 3); Tel. 9 34 88 33 69; tgl. 8–1.30 Uhr
●● CREDIT

La Vinya del Senyor ---> S. 150, C 22
Vinothek bzw. Tapa-Lokalität mit reichhaltigem Angebot an Weinen. Alle zwei Wochen wird eine aktualisierte Weinkarte mit 20 offenen Weinen angeboten, darunter nicht selten spanische Top-Weine. Herzhafte Tapas und diverse Käsesorten. Keine Menüs bzw. kompletten Hauptgerichte. Günstige Lage in der Altstadt gegenüber der Kirche Sta. María del Mar.

Pl. Santa María del Mar; Metro: Jaume I (c 3); Tel. 9 33 10 33 79; So, Fei geschl.
● bis ●● CREDIT

La Yaya Amelia ---> S. 147, E 14
Eigenwillige Lokalität, die 1976 als bescheidenes Vorstadtlokal eröffnet und 2001 renoviert, modernisiert und um ein Milchwarengeschäft erweitert wurde. Bodenständige katalanische, auf marktfrischen Produkten basierende Rezepturen. Vorzügliche Stockfisch- und andere Fischgerichte; außerdem rustikale Fleischspezialitäten wie etwa das Rindskotelett mit grobem Meersalz. Exquisites Sortiment an Nachspeisen, interessante Milchdesserts. Auch nach der Renovierung ist der nostalgische, gemütliche , fast ländliche Charakter des Restaurants erhalten geblieben.

C. Còrsega 537; Metro: Sagrada Família (d 2); Tel. 9 34 35 80 48 ●● CREDIT

Zutaten orientiert. Geräumig, britische Spalierverglasung, viel helles Holz. Schonende, auf den Punkt gegarte, nie überwürzte Zubereitung von Seeteufel, Dorade, Kabeljau, Wolfbarsch und anderen Barben. Auch Paella und diverse Reisgerichte mit Fisch und Meeresfrüchten. Überzeugendes Preis-Leistungs-Verhältnis.

C. Almirall Aixada 12; Metro: Barceloneta (d 3); Tel. 9 32 21 50 26; Di geschl. ●●
CREDIT

Tapa Tapa
---> Umschlagkarte hinten, d 1
Beliebtes Restaurant bzw. Bar mit einem außergewöhnlich guten und umfassenden Angebot an Tapas. Die

Essen und Trinken

RESTAURANTS •
Buffet Lliure Celestial
⸺▷ Umschlagkarte hinten, e 5
Beliebtes Buffet-Restaurant. Große Auswahl, günstige Preise, leider etwas eng. Sympathische Alternative zu den Edelrestaurants.
C. Argentería 53; Metro: Jaume I (c 3); Tel. 9 33 10 42 94; tgl. 12.30–16 und 20–24 Uhr • AmEx MASTER VISA

Cova Fumada ⸺▷ S. 150, C 23
Vor mehr als 70 Jahren als Bodega gegründet. Aus dieser Zeit stammt die urige Einrichtung mit Tresen und Fässern. Heute ein ausgesprochen volkstümliches Lokal vornehmlich für Tapas und Fischgerichte. Immer gut besucht, betont preisgünstige Gerichte, die keinen hoch geschraubten kulinarischen Zielen folgen. Hier beeindruckt das Ambiente, wie man es im Viertel Barceloneta früher häufig fand, das sich aber nur noch im Ausnahmefall erhalten hat.
C. Baluard 56; Metro: Barceloneta (d 3); Tel. 9 32 21 40 61; Sa vormittags, So und im Aug. geschl. •

Ca l'Estevet
⸺▷ Umschlagkarte hinten, b 2
Einst berühmtes Literatenrestaurant, heute beliebtes Esslokal der Mitarbeiter aus den umliegenden Museen, Behörden und Universitätsinstituten. Die Wände zieren unzählige Fotos der einstigen Berühmtheiten, die hier ein- und ausgingen: Schriftsteller, Toreros, Fußballgrößen, Kinostars, Journalisten. Einfache, solide katalanische Küche ohne kulinarische Kunststücke. Anregendes, bisweilen auch intellektuell geprägtes Ambiente.
C. Valldonzella 46; Metro: Sant Antoni (c 3); Tel. 9 33 02 41 86; So geschl. • CREDIT

Limbo ⸺▷ Umschlagkarte hinten, d 6
Modernes, originelles, vom Besitzer in Eigenbau zusammengestelltes Lokal mit Steinwänden, Eisenträgern und sparsamer Holzverkleidung; rundweg gemütlich ausgestattet. Hier regieren exquisite und kreativ komponierte Rezepte auf der Basis der klassischen Mittelmeerküche. Die gelegentlichen Überraschungsmenüs stehen gar nicht auf der Speisekarte. Überzeugende Weinauswahl. Angenehm entspanntes Ambiente; hier wird man die Zeit niemals als drängend erleben. Freitags und samstags ist das Limbo auch bis 1 Uhr geöffnet.
C. Mercè 13; Metro Drassanes (c 3); Tel. 9 33 10 76 99; So und Mo geschl. • CREDIT

Les Quinze Nits ⸺▷ S. 150, B 22
Trend-Restaurant im Zentrum mit beeindruckendem Konzept: Einfache, teilweise an Fastfood erinnernde Gerichte und erstaunlich niedrige Preise haben zur Folge, dass sich abends und am Wochenende Schlangen vor dem Lokal bilden. Nur wenn es freie Plätze gibt, werden Gäste eingelassen; keine Reservierungen. Die Küche läuft auf Hochbetrieb, es gibt katalanische und andere Fisch-, Fleisch- und Gemüsespezialitäten. Kleine Karte mit preiswerten Weinen.
Pl. Reial 6; Metro: Liceu (c 3); Tel. 9 33 17 30 75; tgl. 13–15.45 und 20.30–23.45 Uhr • CREDIT

El Portalón
⸺▷ Umschlagkarte hinten, d 4
Preiswertes, alteingesessenes und in einer Bodega mit mächtigen Steingewölben untergebrachtes Lokal. Hier werden ohne großen kulinarischen Aufwand schmackhafte Tapas und herzhafte kleine Tellergerichte aufgetischt. Stets finden dafür nur marktfrische Produkte Verwendung. Mittags bekommt man hier sicher seinen Platz; abends dagegen oft sehr gut besucht, da das Lokal über eine treue Stammkundschaft aus der Altstadt verfügt. Erstaunlich reichhaltiges und kompetent zubereitetes Essen zu kleinen Preisen. Auch für Gruppen geeignet; zügige Bewirtung.
C. Banys Nous 20; Metro: Liceu (c 3); Tel. 9 33 02 87 11; So geschl. •

Essen und Trinken

El Racó d'en Baltà ⋯> S. 146, A 14
Angenehm neutrales Ambiente, dazu eine originelle, an ausgewiesen frischen Produkten orientierte Küche. Die Grundlage bilden bodenständige katalanische Rezepturen, aber man scheut auch nicht einfallsreiche Neukompositionen. Meist werden Zutaten aus ökologischem Anbau verwendet. Die Highlights: Fenchelsuppe mit Sepiastreifen, Entenbrustsalat mit Mandelessig und Gänseleberstreifen, Steak aromatisiert mit Idiazabal-Käse, ein würziger baskischer Schafskäse. Viele leichte und gut verdauliche Gerichte. Auch hier erscheinen die Preise – verglichen mit der Güte der Produkte und dem betriebenen Aufwand – fair und angemessen.
C. Aribau 125; Metro: Diagonal (c 2); Tel. 9 34 53 10 44; So geschl. ● CREDIT

Restaurant del Teatre ⋯> S. 146, C 13
Oft abends vom Theaterpublikum aufgesucht. Mittags ein biederes katalanisches Speiselokal, abends kreative Küche der Saison. Salate, Nudeln mit Pilzsauce, Meeresfrüchte in leckeren Varianten. Anregendes Ambiente im alten Gebäude der Arbeiterwohlfahrt des Stadtteils Gràcia, direkt neben dem Teatro Libre gelegen. Viele kleine katalanische Spezialitäten zu günstigen Preisen.
C. Montseny 47; Metro: Fontana (c 2); Tel. 9 32 18 67 38; So geschl. ● CREDIT

Ricart ⋯> S. 150, C 23
Traditionsreiches, volkstümliches Lokal im Stadtviertel Barceloneta und ein selten gewordenes Relikt aus der Zeit der Fischbörse im Hafen. Heute modern geweißt mit blauem Marinedekor. Trotzdem hat etwas vom seinerzeitigen Nostalgieambiente überdauert. Einfach, aber schmackhaft und kundig zubereitete Meeresfrüchte und Fische bei erfreulich angemessenen Preisen.
C. Baluard 68; Metro: Barceloneta (d 3); Tel. 9 32 21 88 99; Sa, So abends und Mo geschl. ● 🖃

La Taberna del Cura ⋯> S. 146, B 13
Große, rustikal dekorierte Räumlichkeit mit viel Platz für Gesellschaften. Offene Küche, volkstümliche Atmosphäre. Die zahlreichen Stammgäste schätzen die schmackhafte, einem mittleren kulinarischen Niveau entsprechende Küche. Deftige, unkomplizierte Speisen, große Portionen, durchweg günstige Preise. Besonders preiswertes Tagesmenü. Gegrilltes Fleisch, Spanferkel und Lamm, Butifarra, Seehecht- und Kabeljaugerichte. Die Lokalität gehört ebenso wie das benachbarte Edelrestaurant »Botafumeiro« der bekannten Kette Moncho's an.
C. Gran de Gràcia 83; Metro: Fontana (c 2); Tel. 9 32 18 17 99; tgl. geöffnet ● CREDIT

El Tastavins ⋯> S. 146, C 13
Kleines, sympathisches Familienrestaurant ohne gesteigerten kulinarischen Ehrgeiz. Der Clou sind hier die zünftigen Wurst- und Fleischgerichte, riesige Salatplatten, diverse Tortillas und Tapas – und dies zu erschwinglichen Preisen. Das El Tastavins war ehemals eine Bodega, später wurde daraus ein Restaurant. Schöner Innenhof, reichhaltiges Angebot an Weinen und Cavas.
C. de Ramón y Cajal 12; Metro: Joanic (d 2); Tel. 9 32 13 60 31; So abends und Mo mittags geschl. ● DINERS MASTER VISA

La Taverneta
⋯> Umschlagkarte hinten, d 4
Wer eine Alternative zu jenen Restaurants sucht, die vor allem mit deftigen, kalorienreichen Spezialitäten aufwarten, ist hier genau richtig. Aufgetischt werden schmackhafte Köstlichkeiten, die leicht verdaulich und gesund sind. Hervorragend ist auch das preiswerte mittägliche Salatmenü. Hübsche Einrichtung. Abends gelegentlich musikalische Vorführungen.
Pge. Duc de la Victoria 3 (nördl. der Plaça Cucurulla); Metro: Pl. Catalunya (c 3); Tel. 9 33 02 61 52; So geschl. ● MASTER VISA

Tèxtil Cafè

····> Umschlagklappe hinten, e 5

Eines der wenigen Restaurants, das auch am Sonntag geöffnet ist. Eigentlich ein Café-Restaurant, gelegen im herrlichen Innenhof des Textilmuseums (Palau del Marqués de Llió aus dem 15. Jh.). Angeboten werden leichte mediterrane Gerichte oder Spezialitäten aus Nordafrika. Ruhige Lage, auch im Hochsommer stets angenehm frisch und kühl. Abends Beleuchtung mit Fackellicht; gelegentlich Jazzdarbietungen.

C. Montcada 12; Metro: Jaume I (c 3); Tel. 9 32 68 25 98 • CREDIT

Cafés

Bar del Pi   ····> S. 65, a 1

Boheme-Café-Bar mit Pianospieler, die viel von Künstlern, Intellektuellen und jungen Leuten besucht wird. Zentrale Lage in der Altstadt, schöne Terrasse, direkt im Schatten der gotischen Kirche Santa María del Pi. Innendekoration mit vielen Bildern, Porträts und Karikaturen.

Pl. Sant Josep Oriol 1; Metro: Liceu (c 3)

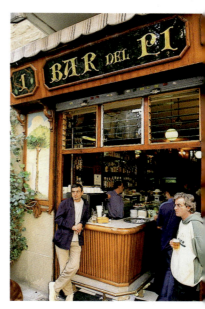

Bar del Pi: beliebter Treff gegenüber der Kirche Santa María del Pi im Barri Gòtic.

Bar Mirablau   ····> S. 142, B 5

Große zweistöckige Bar mit einem herrlichen Blick über die Stadt. Große Getränkeauswahl. Viele Stammkunden, sehr angenehme Atmosphäre. Bis 5 Uhr; abends Disco.

Pl. del Doctor Andreu s/n (Talstation der Zahnradbahn zum Tibidabo); Ferrocarril: Av. del Tibidabo (c 1)

Café Alfonso   ····> S. 146, C 16

Eigenwillige Lokalität mit historisch geschützter Holzspaliereinrichtung aus dem Jahr 1934. Kulinarisch hochwertiges Angebot an Schinken (Serrano und Ibérico), diversen Käse- und Wurstsorten, Kutteln, Salaten, herzhaften Tapas, Gebäck und Weinen. Eine der besten Lokalitäten der Stadt für delikate Schinkenspezialitäten! Angenehm gemütliches Ambiente, allerdings zu den Essenszeiten oft überfüllt. Man sollte hier vorher oder nachher erscheinen. Beschaulicher geht es im Innenraum zu, die Terrasse ist oft staubig und von viel Lärm und Getöse erfüllt. Wegen des erlesenen Speiseangebots mehr als ein Café! Bis 1 Uhr nachts geöffnet, So und im Aug. geschl.

C. Roger de Lluiria 6; Metro: Urquinaona (c 3)

Café Bosc de les fades

→ Familientipps, S. 59

Café de la Opera   ····> S. 150, B 21

Angeblich das älteste Café der Stadt, schräg gegenüber der Oper direkt an der Rambla gelegen. Treffpunkt von in Barcelona lebenden Ausländern, Intellektuellen, Touristen, Studenten, Lebenskünstlern, Rambla-Flaneuren und Nachtschwärmern. Köstliche Kuchen und Torten, Kaffee und Drinks.

La Rambla del Caputxins 74; Metro: Liceu (c 3)

Essen und Trinken

Café de la Virreina ····> S. 146, C 13
Beliebt beim Publikum des nahebei gelegenen Programmkinos Verdi. Angenehmer Treff im Stadtviertel Gràcia, nicht zuletzt wegen der schönen Terrasse an der ruhig gelegenen Plaça de la Virreina. Nicht eben opulente kulinarische Auswahl, dafür aber erlesene Produkte und Kombinationen: 35 Varianten an belegten Broten, Happen mit Meeresfrüchten, Aperitifs. Häufig Ausstellungen von Gemälden, Fotos, Keramik, Skulpturen. Herausragend kommunikative Atmosphäre; die Kellner setzen sich gern zu den Gästen und plaudern mit.
Pl. de la Virreina 1; Metro: Fontana (c 2)

Centre Civic Can Deu ····> S. 145, D 9
Ausgesprochen volkstümliche Bar mit typischem Flair des Viertels. Großer Tresen, etwas düsterer Saal mit Boden aus valencianischen Zierfliesen alter Prägung. Das Gebäude der Besitzerfamilie Deu zeigt Züge des frühen Modernisme aus der Zeit um 1895. Dazu zählt auch ein für die Gäste offener, ruhig gelegener und geräumiger Garten im gleichen Stil. Günstige Preise. Die größte Attraktion sind die Atmosphäre und das eigenwillige Gebäude aus der Epoche der Jahrhundertwende.
Pl. de la Concòrdia 13; Metro: Les Corts (b 2); Mo–Do 8–22, Fr, Sa 9–24 Uhr, So, Aug. und in der Karwoche geschl.

Cincómonos ····> S. 146, A 15
Ausgewiesenes Kunstcafé in der Nähe der vielen Kunsthandlungen in derselben Straße. Auch im Café finden gelegentlich Ausstellungen, Buchvorstellungen und Lesungen statt. Angenehm ruhige Stimmung, internationales, kunstverständiges Publikum, nüchterne Einrichtung. Angeboten werden neben Kaffee und Tee auch hausgemachter Kuchen, Käse- und Wurstplatten, Salate, Pizza.
C. Consell de Cent 283; Metro: Universitat (c 2); Mo–Fr 10–21 Uhr, Sa mittags, So und Aug. geschl.

La Clandestina
····> Umschlagkarte hinten, d 5
Alternativ angehauchtes Teelokal mit asiatischem Ambiente, eigenwilligen Duftnoten und typisch fernöstlichem Dekor. Serviert werden neben klassischen Teesorten auch Aroma- und Gewürztees, außerdem Säfte, Mixge-

Der Besuch einer traditionellen Milchbar wie der Granja Viader ist ein ganz besonderes atmosphärisches Erlebnis. Nicht verpassen: die köstliche »horchata« (Erdmandelmilch).

tränke und exotisches Gebäck. Sehr entspannte, ruhige und inspirationsfördernde Atmosphäre.
C. Baixada Viladecols 2 b; Metro: Jaume I (c 3); normalerweise bis 24 oder gar 1 Uhr geöffnet, So abend geschl.

Hivernacle de la Ciutadella
╌╌> S. 151, D 21

Untergebracht in einem modernistischen Glaspavillon, der 1889 zur Weltausstellung errichtet wurde. Schöner Wintergarten mit Zierpalmen, kultivierte Oase der Ruhe. Angeschlossen ist auch eine Terrasse in einer Glaspassage. Beliebtes Tagescafé; auch empfehlenswertes Restaurant der mittleren Preisklasse. Teils abendliche Kulturveranstaltungen.
Pg. de Picasso s/n; Metro: Arc de Triomf (d 3)

Laie ╌╌> S. 146, C 16
Stilvoll eingerichtetes Café ohne störenden Rummel, mehr von Insidern als von Touristen besucht. Über der gleichnamigen Buchhandlung (→ S. 34) gelegen. Erfreulich großes Angebot an internationalen Magazinen und Zeitschriften. Das Schmökern gerät hier zum Vergnügen, dazu werden Kaffee und Kuchen oder leichte Gerichte, Salate oder Nudelspezialitäten serviert. Frühstück und Mittagsmenü sind preiswert. Bis 1 Uhr nachts geöffnet.
C. de Pau Claris 85; Metro: Catalunya (c 2/3)

Megastore de Telecomunicación
╌╌> S. 146, C 15

Originell eingerichtetes Café-Restaurant, verbunden mit einem großen Laden für Computer und Telefonbedarf.
C. del Consell de Cent 383–385; Metro: Girona (d 2)

Xocolatería Xador
╌╌> Umschlagkarte hinten, e 5

Beliebte traditionelle Xocolatería und geräumiges Café. Fassade, Mobiliar und Gestaltung sind im besten Sinne vom katalanischen Jugendstil geprägt. Ein Tipp für kultivierte Genießer.
C. Argentería 65; Metro: Liceu (c 3)

MERIAN-Tipp

Granja Viader

Einer der würdigsten und stilvollsten Vertreter der vom Zeitgeist bedrängten Gattung »granja«. Etwas versteckt in einer schmalen Gasse parallel zur Rambla. Klassisch mit Marmortischen und Keramikkacheln. Hier gibt es vielerlei verlockende, stets frische Milchprodukte, beispielsweise raffiniert gemixte Frucht-Milchgetränke, köstliche Sahne und Eis. Himmlisch: die »horchata« (Erdmandelmilch) und der hausgemachte Käsekuchen. Ein Besuch in dieser urigen Lokalität ist ohne Einschränkung empfehlenswert.
C. d'En Xuclà 4–6; Metro: Liceu oder Catalunya (c 3); Tel. 9 33 17 10 17; So, Fei geschl. ╌╌> S. 150, B 21

Granjes (traditionelle Milchbars)
Camps ╌╌> S. 146, B 14
Klassische, viel besuchte Granja im Eixample-Viertel, gerne von jungen Leuten frequentiert. Diverse Milchgetränke, aber auch Süßigkeiten, Toasts.
Rambla de Catalunya 113; Metro: Diagonal (c 2)

Dulcinea ╌╌> S. 65, a 1
Niveauvolle, alteingesessene Granja mit solidem Angebot an Milchprodukten, Kuchen und Süßspeisen. Gemütliche Einrichtung, viel dunkles Holz. Viele Stammgäste, Süßem zugetane Hausfrauen, Studenten, Nachbarn. Zentrale Lage nahe der Plaça del Pi.
C. Petritxol 2; Metro: Liceu (c 3)

La Xicra ╌╌> S. 65, a 1
Kleine, direkt neben der beliebten Bar del Pi gelegene Granja. Crema catalana, allerlei Milchgetränke, verführerisch leckere Torten.
Pl. Sant Josep Oriol 2; Metro: Liceu (c 3)

Cava – Kataloniens Nationalgetränk

Sei es im Alltag oder bei den zahlreichen Festen – ein Gläschen Schaumwein gehört einfach dazu.

Der Weinkeller wird im Katalanischen als Cava bezeichnet. Viel häufiger trifft man auf dieses Wort allerdings in einem ganz anderen Zusammenhang. Immer dort, wo in Katalonien gefeiert wird, wo ein Jubiläum begangen, wo geheiratet, ein geschäftlicher Erfolg besiegelt, eine Ausstellung eröffnet oder jedwede Erfreulichkeit gebührend ausgekostet wird, ist ein Gläschen Cava nicht fern.

Damit sind wir beim katalanischen Nationalgetränk Cava. Diese Bezeichnung dürfen nur Schaumweine tragen, die in Flaschengärung nach der traditionellen Champagner-Methode ausgebaut sind und aus Katalonien oder einigen kleineren, eng umgrenzten Gebieten aus den spanischen Regionen Aragón, Navarra, La Rioja, Extremadura oder Valencia stammen. Die mit Abstand meisten Cava-Kellereien befinden sich aber in Katalonien. Auch der größte Teil der gesetzlich definierten Produktionsgebiete innerhalb der Herkunftsbezeichnung Cava (Denominación de Origen Cava, D.O.) liegt auf katalanischem Territorium. Das Recht auf die Herstellung von Cava genießen immerhin 63 Gemeinden in der Provinz Barcelona, 52 in der Provinz Tarragona, 12 in Lleida und fünf in Girona. Das unterstreicht die besondere Verbundenheit der Katalanen zu diesem Getränk.

Die drei weißen Rebsorten für die klassische Cava-Cuvée heißen **Macabeo** (auch Viura genannt), **Xarel.lo** und **Parellada**. Alle drei Sorten werden in Katalonien in großem Umfang kultiviert – auch für weiße Stillweine. Zugelassen sind für die Cava-Produktion ebenfalls die weißen Sorten **Subirat** (auch Malvasía Riojana genannt) sowie – seit einigen Jahren – **Chardonnay**. Weiße Cavas dominieren auf dem Markt, aber es gibt auch Rosé-Cavas, die mitunter ein erstaunlich angenehmes Aroma aufweisen.

MERIAN-Spezial

Für diese Produkte sind die roten Rebsorten **Garnacha Tinta**, **Monastrell**, **Trepat** und **Pinot Noir** zugelassen. Grundsätzlich werden je nach dem Zuckergehalt sieben Cava-Typen unterschieden. »Dulce« steht für sehr süß, »semiseco« für süß und »seco« für trocken. »Extra seco« gilt als sehr trocken, »brut« bedeutet herb, »extra brut« strenghherb und »brut nature« naturherb; hier sind nur 0 bis 3 g Restzucker pro Liter erlaubt.

CAVA-WOCHE IM OKTOBER

Zentrum der katalanischen Cava-Produktion ist das südwestlich von Barcelona gelegene Anbaugebiet **Penedès** mit seinem mediterranen Klima und unterschiedlichen Höhenstufen. Viele der Cava-Firmen haben sich in Sant Sadurní d'Anoia oder in unmittelbarer Umgebung niedergelassen. In dieser Ortschaft findet meist zwischen dem 6. und 13. Oktober eine spezielle Cava-Woche statt. Dann wird die Cava-Königin gekürt und die Zusammensetzung der Berufsvereinigung der Cava-Hersteller gewählt. Außerdem öffnen die Produzenten an einem »Tag der offenen Tür« ihre Betriebe, um dem Publikum die Herstellung dieses anregenden Schaumweins zu erläutern. Sitz des Cava-Kontrollrates (www.crcava.es) ist übrigens die Stadt Vilafranca del Penedès (→ S. 111), wo es auch ein interessantes Weinbaumuseum (Museu del Vi) zu besichtigen gibt.

Gerade im Ausland sind die beiden Großproduzenten **Codorníu** (www.codorniu.es bzw. www.codorniu.com) und **Freixenet** (www.freixenet.es) ein Begriff. Daneben gibt es noch eine Vielzahl von kleineren und mittleren Betrieben, die außerhalb Kataloniens kaum bekannt sind, aber mit vorzüglichen Produkten aufwarten können.

Hier eine Auswahl weniger bekannter Cava-Produzenten mit besonders empfehlenswerten Qualitäten:
Agustí Torelló
www.agustitorello.com
Albet i Noya
wwwalbetinoya.com
Jané ventura
www.janeventura.com
Juvé & Camps
www.juveycamps.com
Parxet
www.parxet.es
Pinord
www.pinord.es
Raventós i Blanc
www.raventos.com
Segura Viudas
www.seguraviudas.com

Die Weinkeller des Cava-Herstellers Codorníu erstrecken sich über 25 Kilometer.

Einkaufen

Barcelona ist eine gute Adresse für Mode, Schmuck und Delikatessen, das Qualitätsniveau ist hoch.

Am Passeig de Gràcia reihen sich edle Modegeschäfte aneinander. Der exquisite Boulevard umschließt zusammen mit der Rambla de Catalunya das »Goldene Viereck«.

Einkaufen

Barcelona ist ein Shopping-Paradies. Das Preisniveau ist zwar im Vergleich mit anderen spanischen Städten hoch, aber die Qualität der angebotenen Erzeugnisse, vornehmlich bei Textilien, Lederwaren, Dessous, Antiquitäten, Schmuck, Designerobjekten oder modischer Kleidung, genügt in der Regel höchsten Ansprüchen. Katalanische Designer genießen auch außerhalb Spaniens einen erstklassigen Ruf. Die von ihnen entworfenen Dekorationsstücke, etwa modische Textilien, Schuhe, Lederwaren, Lampen, Spiegel oder Jugendstilaccessoires, zählen zu den besonders lohnenden Mitbringseln.

Die als **Goldenes Viereck** bezeichnete Einkaufszone rings um den Passeig de Gràcia und die Rambla de Catalunya, seit ihrem Entstehen Sitz

Qualität und Exklusivität stehen hoch im Kurs

des finanzkräftigen Bürgertums, war immer schon exquisit, aber auch teuer. Hier ballen sich Boutiquen, Galerien, Mode-, Schmuck- und Möbelgeschäfte für eine vermögende Klientel. Ebenfalls auf Konsumartikel gehobenen Niveaus haben sich die Läden der Avinguda Diagonal im Abschnitt zwischen der Metrostation Diagonal, der Plaça Francesc Macià und der Metrostation María Cristina eingestellt. Andere Einkaufszonen, weniger exklusiv, sind die Ramblas zwischen Plaça de Catalunya und Monument a Colom sowie die gesamte Altstadt zwischen den Ramblas, der Kathedrale und dem Palau de la Música. Hier drängen sich besonders viele Geschäfte im Bereich der Straßenzüge Ferrán, Boquería, Portaferrissa und Portal de l'Àngel.

Gerade in der **Altstadt** haben noch Geschäfte überdauert, die nicht mit modischen Konsum- und Luxuswaren handeln, sondern mit oft kuriosen, manchmal angestaubten, stets jedoch der Vergangenheit verpflichteten Artikeln für den Alltagsbedarf: Kerzen, Fächer, Handschuhe, Haushalts-, Kurz-, Korb- und Schreibwaren, Segeltuchschuhe. Hier lassen sich noch Raritäten aufspüren.

Gleichfalls lohnend sind in der Altstadt die bis unter die Decke voll gestapelten Buchantiquariate, die Kunstgalerien und Antiquitätenhandlungen (Baixada de Santa Eulàlia, Carrer Palla und Banys Nous) nahe der Kathedrale. Im Bereich Boquería/Ferrán gibt es zahlreiche Fachgeschäfte für afrikanisches und lateinamerikanisches Kunstgewerbe. Im unteren Bereich der Ramblas findet sonntagnachmittags ein kleiner Markt für modische Handwerksprodukte und Kunstgewerbe statt.

Wer sich für kulinarische Mitbringsel interessiert, erlebt angenehme Überraschungen. Die recht zahlreichen und meist gut sortierten Delikatessenläden bieten zuhauf katalanische Spezialitäten – ohne spanische oder ausländische zu verschmähen. Kleinere, traditionell ausgerichtete Feinkostläden im Tante-Emma-Stil heißen »Colmados«. Generell hochinteressante Souvenirs sind die Cavas (Qualitäts-Schaumweine) aus dem Anbaugebiet Penedès in diversen Geschmacksrichtungen (→ MERIAN-Spezial, S. 30).

Die Einzelhandelsgeschäfte öffnen in der Regel um 9 Uhr, schließen während der Mittagspause zwischen 13 und 14 Uhr und sind danach wieder bis 20 Uhr oder länger geöffnet. Supermärkte oder Warenhäuser sind meist durchgehend von 10 bis 22 Uhr geöffnet. Samstagnachmittags sind viele Geschäfte geschlossen.

Antiquitäten/Buchhandlungen

Viele Antiquitätengeschäfte konzentrieren sich in der Baixada de Santa Eulàlia nahe der Kathedrale, außerdem entlang der Carrer de la Palla im Barri Gòtic. Mitten in der Eixample finden sich am Bulevard dels Antiquaris mehr als 50 einschlägige Läden.

Einkaufen

Alibri ⟶ S. 146, B 16
Umfassendes Sortiment an deutschsprachigen Buchtiteln aus vielerlei Themenbereichen.
C. de Balmes 26; Metro: Universitat (c 2)

Altaïr ⟶ S. 146, B 16
Vorbildlich sortierte Reisebuchhandlung. Reiseliteratur aus Gegenwart und Vergangenheit. Fast alles über ferne Länder, aber auch über Barcelona, Katalonien und Spanien. Naturführer. Spezialist für Nautik.
Gran Via 616; Metro: Universitat (c 2) sowie C. de Balmes 69 (hier nur Nautikliteratur); Metro: Pg. de Gràcia (c 2)

FNAC ⟶ S. 146, B 16
Großzügig eingerichtetes Medienzentrum. Vorzügliches Sortiment in den Bereichen Zeitschriften, CDs, DVDs und Videos.
Rambla de Catalunya 4; Metro: Catalunya (c 2/3) und Av. Diagonal 549; Metro: María Cristina (b/c 2)

Happy Books
⟶ S. 146, A 16 und B 15
Modernes Antiquariat. Foto- und Bildbände in großer Auswahl. Mit hübschem, ruhigem Innenhofcafé. Sehr günstige Preise.
C. de Pelai 20 und Pg. de Gràcia 77; Metro: Catalunya (c 3) und Pg. de Gràcia (c 2)

Laie ⟶ S. 146, C 16
Seriöse, auffällig kundenfreundlich geführte Buchhandlung mit reichem Angebot in den Bereichen Literatur, Kultur und Neuerscheinungen. Angeschlossen ist ein angenehmes Café.
C. de Pau Claris 85; Metro: Urquinaona (c 3)

Llibrería del Palau de la Virreina
⟶ S. 150, B 21
Städtisches Kulturhaus mit angeschlossener Buchhandlung. Bücher über Barcelona und Katalonien sowie Bildbände und Kunstbücher zu günstigen Preisen.
Las Ramblas 99; Metro: Liceu (c 3)

MERIAN-Tipp
5 Celler de Gelida

In vierter Generation geführtes Weinhaus mit umfassendem Lager. Alle bedeutenden Qualitätsweine Spaniens, auch ausländische Weine und Spirituosen. Über 120 Jahre alter Weinkeller mit erlesenen Raritäten. Übersichtliches Sortiment, profunde Information, vorbildlicher Service.

C. del Vallespir 65; Metro: Plaça del Centre (c 2) ⟶ S. 144, C 10

Llibrería Quera
⟶ Umschlagkarte hinten, c 4
Kleiner, uriger Laden, spezialisiert auf Fachliteratur zu den Themen Wandern und Bergsteigen. Hier bekommt man Wanderführer sowie aktuelles, präzises Kartenmaterial für Ausflüge in das katalanische Hinterland.
C. Petritxol 2; Metro: Liceu (c 3)

Tartessos ⟶ S. 150, B 21
Große Auswahl an Bildbänden zum Thema Fotografie aus aller Welt. Künstlermonografien, Ausstellungskataloge und Alben aus der internationalen Fotografieszene.
C. Canuda 35; Metro: Catalunya (c 2/3); Mi, Sa 10–13, Mo, Di, Do, Fr 15.30–21, Sa 16.30–21 Uhr

Geschenke

Arlequí Màscares ⟶ S. 150, C 21
Einzigartige Spezialhandlung für originelle handgefertigte Masken, Puppen, Marionetten etc. Beeindruckende Masken von Gigolos, Zauberfeen, Prinzessinnen, Grafen, Teufeln, Gauklern. Figuren aus Pappmaschee.
C. de la Princesa 7; Metro: Jaume I (c 3)

Art Espai Vidre
⟶ Umschlagkarte hinten, b 3
Künstlerisch gefertigte Objekte aus Glas: Vasen, Schalen, Teller, Dekorationsobjekte. Äußerst anregende Präsentation in einem abgedunkelten

Barcelona ist unbestritten eines der führenden Designzentren Europas.

Schauraum. Design auf anspruchsvollem Niveau. Schöne Werke spanischer und internationaler Avantgarde-Designer. Angemessene, keinesfalls zu hohe Preise. In Sachen künstlerisch gefertigtes Glas vermutlich die beste Adresse der Stadt.
C. dels Àngels 8; Metro: Liceu (c 3)

Atalanta Manufactura
╌╌▷ Umschlagkarte hinten, e 5
Handgefertigte Produkte aus Seide. Alles aus eigener Fertigung und stets handbemalt. Originelles Design. Keine überzogenen Preise.
Pg. del Born; Metro: Barceloneta (d 3)

Esencial Mediterráneo
╌╌▷ S. 146, B 15
Naturextrakte, Kräuter, Essenzen, Tinkturen, Öle, Seifen und viele andere Duftartikel in großer Auswahl.
Rambla de Catalunya 42; Metro: Pg. de Gràcia (c 2)

Estampería d'Art ╌╌▷ S. 65, a 1
Der kleine Laden, den es angeblich seit 1789 gibt, handelte ehemals mit Devotionalien. Das Angebot heute: Drucke, Lithografien, Gemälde-Reproduktionen und – in riesiger Auswahl – Kunstpostkarten.
Pl. del Pi 1; Metro: Liceu (c 3)

Incas ╌╌▷ S. 65, a 2 und c 2
Sehr schöne Textilien, Kunsthandwerk, Musikinstrumente und Indianerschmuck aus Lateinamerika. Eine rundweg empfehlenswerte Adresse.
C. de la Boquería 21; Metro: Liceu (c 3)
und C. Llibreteria, Ecke Pl. Àngel; Metro: Jaume I (c 3)

Papirum ╌╌▷ S. 65, c 2
Handgeschöpfte Papiersorten sowie Schreibsets, klassische Schreibbücher in vielen Farben und Modellen. Spezialität des Hauses: Man kann hier Manuskripte aller Art in edle Umschläge aus Leder binden lassen.
C. Llibreteria 2; Metro: Jaume I (c 3)

Textura ╌╌▷ S. 146, B 14
Die mit über 60 Filialen in Katalonien führende Ladenkette für feine Tischwäsche, Bettbezüge und Decken in großer Auswahl. Neben klassischem Dekor finden sich dabei häufig auch

Süße Verführungen in der Auslage der Konditorei La Colmena an der Plaça Àngel.

schöne provenzalische Farbgebungen und Motive im Sortiment.
C. Rosselló 224; Metro: Diagonal (c 2); auch Centre L'Illa, Avg. Diagonal 549; Metro: María Cristina (b/c 2)

Vinçon ----> S. 146, B 14
Anspruchsvolles Haushaltsdesign, vom Tafelgeschirr über Lampen, Küchengeräte und Schraubenzieher bis zu Stoffdrapierungen und Werkzeugen. Der sehenswerte Laden wurde 1973 in einem sehr schönen Modernismepalais des Malers Ramon Casas eingerichtet. Alle Designerobjekte in stets originellen Stilversionen. Gebrauchsdesign auf hohem Niveau.
Pg. de Gràcia 96; Metro: Diagonal (c 2)

Für Kinder
Barruguet
 ----> Umschlagkarte hinten, c 2
Spielwarengeschäft, das auch internationale Marken führt und traditionelles Spielzeug anbietet: Theater, Kaufläden, Kasperle und Puppenhäuser. Nicht sehr groß, aber gut sortiert und hoher Qualitätsstandard.
Gran Via 620; Metro: Universitat (c 2)

Els Tres Tombs ----> S. 146, B 13
Große Auswahl an Spielen für Kinder unter 10 Jahren. Stofftiere, Masken, Puppen, Holzspielzeug.
Trav. de Gràcia 96 (Höhe Augusta); Metro: Fontana (c 2)

Xalar ----> Umschlagkarte hinten, d 5
Ein Spielzeugladen der besonderen Art, der neben gängiger Ware mit Akzent auf Lernspielen vor allem Reproduktionen vergangener Epochen in Holz oder Metall anbietet. Die Objekte sind schön ausgeführt und eignen sich auch als Dekorationsstücke.
Baixada de la Llibreteria 4; Metro: Jaume I (c 3)

Lebensmittel
Antigua Casa Figueres, Pastissería Escribà ----> S. 150, B 21
Gemischte Feinkost und Schokolade, Mousse, wunderbare Kuchenkreationen und Eis aus eigener Herstellung. Sehr schöne Jugendstileinrichtung. Berühmt für die edlen Konditoreierzeugnisse ist die Filiale in der Gran Via 546; Metro: Urgell (c 2).
Ramblas 83; Metro: Liceu (c 3)

MERIAN-Tipp

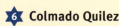
Colmado Quilez

Liebenswert gepflegter Kolonialwarenladen (»colmado«) für katalanische, spanische und internationale Delikatessen. Gourmets kaufen hier katalanische Wurstwaren, würzigen Schinken, Käsesorten, edle Fischkonserven, Süßwaren, katalanische Olivenöle, Cavas, Weine und Spirituosen. Große Auswahl an Weinen aus den Anbaugebieten Kataloniens sowie aus La Rioja, Ribera del Duero, Rueda, Somontano, Cariñena, Rias Baixas etc. Riesenangebot an internationalen Bieren.

Rambla de Catalunya 63; Metro: Pg. de Gràcia (c 2) ---> S. 146, B 15

Bombonería Pons ---> S. 144 B 11

Für Pralinenfreunde ein Ort höherer Glückseligkeit. Familienbetrieb mit eigener Schokoladenherstellung seit 1961, der vorzugsweise Pralinen, Mandelkonfekt (»turrón«) und herkömmliche Konditoreierzeugnisse anbietet. Vor allem im Winter führt das Haus mehr als 20 diverse Pralinen aus eigener Herstellung. Die prominenteste Praline heißt »Crema Cremada«, eine stadtbekannte Köstlichkeit, für die Kunden von weit her kommen. Auch um Allerheiligen sehr beliebte katalanische Mandelplätzchen (»panellets«) und besondere Kreationen in der Osterzeit. Freundliche Einrichtung in Braun- und Gelbtönen. Filiale auch in der C. de Balmes 217.
C. Olzinelles 78; Metro: Pl. de Sants (b 2)

Caelum
---> Umschlagkarte hinten, d 4

Das Eckgebäude, in dem sich das Geschäft seit 1997 befindet, wurde überzeugend mit Großfenstern und altem Sichtmauerwerk restauriert. Angeboten werden Spezialitäten aus mehr als 30 spanischen Klöstern, vornehmlich Marmeladen, Plätzchen und Kuchen, Liköre, aromatisierte Speiseöle, Honig, Marzipan sowie auch handwerkliche Geräte. Nahezu alle Produkte basieren auf alten überlieferten Rezepturen. In einem ruhigen, besinnlichen Raum können diverse Backwaren auch probiert werden; dazu wird Tee oder Kaffee ausgeschenkt. Ein willkommener Ruheplatz für eine inspirierende Pause in der Hektik der Millionenstadt.
C. de la Palla 8; Metro: Liceu (c 3)

Colmado J. Múrria
---> Umschlagkarte hinten, e 1

1898 als reine Kaffeerösterei im Stil des frühen Modernisme an einer der prächtigsten Kreuzungen des Eixample-Viertels eröffnet. 1943 restauriert und seither Feinkostgeschäft. Die schöne historische Außenfassade ist noch ganz erhalten. Typisch katalanischer Colmado-Laden mit einem erlesenen Angebot kulinarischer Erzeugnisse für die gut situierte bürgerliche Kundschaft des Viertels. Spanische

Jugendstiljuwel im Zentrum: stilvoll einkaufen in der Antigua Casa Figueres.

Wurstwaren, Räucherfisch aus nordeuropäischen Ländern, Tee, Schokolade, Weine und eine hauseigene Cava-Marke. Besonders gut sortiert im Bereich Käse, mehrere Dutzend Sorten werden angeboten, auch einige Spezialitäten von kleinen Käsereien aus den katalanischen Pyrenäen.
Roger de Lluria 85; Metro: Pg. de Gràcia (c 3)

La Colmena ····> S. 65, c 2
Besteht seit über 100 Jahren. Exquisite Auswahl an Bonbons, Cocas, Kuchen, Turrón, Esponjat (Fruchtbaiser).
Pl. del Àngel 12; Metro: Jaume I (c 3)

Casa Colomina
····> Umschlagkarte hinten, d 4
Besteht seit 1908. Edle Süßigkeiten: vielerlei Sorten »turrón« (eine Art Mandelkonfekt), Früchtebrot, Torten, Kreationen in Schokolade.
C. Cucurulla 2; Metro: Liceu (c 3)

Formatgeria La Seu
····> Umschlagkarte hinten, d 5
Winziger, aber mit großem Engagement geführter Käseladen mit einzigartig umfassendem Angebot. Viele seltene Käsesorten kleiner Käsereien aus ganz Spanien. Frische und gereifte Ziegen-, Kuh- und Schafs- bzw. Mischmilchkäse. Blauschimmelkäse aus Asturien und Kantabrien sowie Arzua-Käse aus Galicien, geräucherter Käse aus dem Baskenland und katalanische Sorten aus den Pyrenäen.
C. Dagueria 16; Metro: Jaume I (c 3)

Gispert ····> S. 150, C 22
1840 gegründeter Familienbetrieb für erlesene Feinkostwaren bei der Kirche Sta. María del Mar. Nüsse, edle Marmeladen, Mandeln, Kräuter, Olivenöl, Essig. Im Sommer exquisites Speiseeis aus eigener Produktion.
C. dels Sombrerers 23; Metro: Jaume I (c 3)

Herbolari del Rei
····> Umschlagkarte hinten, c 5
Sehenswerter, uralter Kräuterladen in der Altstadt. Spezereien, Gewürze und Mittelmeerkräuter. Zuvorkommende, fachkundige Beratung.
C. Vidre 1; Metro: Liceu (c 3)

Lafuente ····> S. 150, B 21
Kompaktes, bis unter die Decke gestapeltes Sammelsurium an spanischen und internationalen Delikatessen. Alte Brandy-Marken, beachtliche

Im Feinkostladen Lafuente wird kein Platz verschenkt, das Sortiment ist eindrucksvoll.

Einkaufen

In der Herbolari del Rei, einem Kräuterladen im Barri Gòtic, scheint die Zeit still zu stehen.

Auswahl an spanischen Weinen und katalanischen Cavas. Reelle Preise.
C. de Ferrán 20; Metro: Liceu (c 3)

El Magnífico ┄┄> Umschlagkarte hinten, e 5
Seit 1919 eine renommierte Adresse für Tee und Kaffee. Angeblich sind 25 Kaffee- und 90 Teesorten im Angebot. Kaffeebohnen aus Lateinamerika, Hawaii, Kenia, Sambia und Jamaika. Auch eigene Mischungen.
C. Argentería 64; Metro: Jaume I (c 3)

Mauri ┄┄> S. 146, B 14/15
Ein Tempel der Schokoladen und Pralinés mit hauseigenen Kreationen. Sehr attraktives Café.
C. de Provença 241; Metro: Diagonal (c 2)

M. Tesi Mascarell ┄┄> S. 150, C 21
Offiziell Großhändler für spanische Weine und Spirituosen. Man kann aber auch nur eine Flasche kaufen. Beachtliche Auswahl, günstige Preise.
C. de la Princesa 55; Metro: Jaume I (c 3)

Pastissería Sirvent ┄┄> S. 149, F 17
Exquisite Feinbäckerei und elegantes Café. Neben edlen Konditoreiwaren große Auswahl an »turrón« (Mandelkonfekt) und »horchata« (Erdmandelmilch). Die stets frisch zubereitete »horchata« genießt in der ganzen Stadt einen fabelhaften Ruf.
C. Parlament 56; Metro: Diagonal (c 2)

Tot Formatge ┄┄> Umschlagkarte hinten, e 5
Käse über Käse, einige spanische und viele ausländische Sorten. Außerdem Milchprodukte aus den Pyrenäen.
Pg. del Born 13; Metro: Jaume I (c 3)

Vinacoteca Xarcutería L'Hereu ┄┄> S. 149, F 17
Delikatessen, Weine und Cavas. Im Getränkebereich eines der am besten sortierten Geschäfte der Stadt. Die Leitung untersteht dem preisgekrönten Sommelier Jaume Pont.
C. del Comte Borrell 30; Metro: Paral.lel (c 3)

Einkaufen

MÄRKTE

Mercat del Ninot ····⇢ S. 145, F 11
Angesehener Eixample-Markt, Barcelonas großzügigste Markthalle. Steht dem Boquería-Markt kaum nach. Günstige Preise, Lebensmittel und Frischprodukte aller Art.
C. de Mallorca 133; Metro: Hospital Clínic (c 2); Mo–Sa ab 8 Uhr

Mercat de Sant Antoni ····⇢ S. 145, F 12
Großer Markt in einer sehenswerten stählernen Halle aus dem 19. Jh. In lebhafter Atmosphäre werden Lebensmittel und Frischwaren, aber auch Secondhandkleidung und andere Textilien feilgeboten. Sonntagvormittags findet ein Markt für Sammler von Büchern, alter Zeitungen etc. statt.
C. del Comte d'Urgell; Metro: St. Antoni (c 3); Mo, Mi, Fr, Sa 8–14 Uhr, So Flohmarkt

Mercat Santa Caterina
····⇢ Umschlagkarte hinten, e 4
Der einst bescheidene Altstadtmarkt in einer nüchternen Halle von 1895 wurde abgerissen und nach komplettem Neubau im April 2005 eröffnet. Das Ergebnis ist ein weiteres architektonisches Prunkstück Barcelonas. Unter drei geschwungenen Pultdächern auf filigranen Betonstützen und Metallverstrebungen, die Seiten mit Rundbögen verkleidet, bietet der Markt Raum für ca. 50 locker angeordnete moderne Stände und mehrere Bars. Auch ein Supermarkt und eine Parfümerie wurden integriert. Das Preisniveau ist im Vergleich zum Mercat de la Boquería günstiger, die Qualität erweist sich als überraschend gut.
Av. Francesc Cambó; Metro: Jaume I (c 3); Mo–Sa ab 8 Uhr

MODE

Gonzalo Comella ····⇢ S. 146, B 14
Elegante Kleidung führender europäischer Modefirmen, reiche Auswahl für Damen und Herren. Keinesfalls überteuerte Preise.
Via Augusta 2/Ecke Av. Diagonal; Metro: Diagonal (c 2)

MERIAN-Tipp

★ Mercat de la Boquería

Ein Erlebnis: der Wochenmarkt für Lebensmittel und Delikatessen mit seiner würdevollen Markthalle, deren eiserne Dachkonstruktion aus dem Jahr 1915 stammt. Reiches Sortiment an Früchten, Gemüse, Fleisch- und Wurstwaren, Fisch, Kräutern, Pilzen. Mit 13 600 qm die größte Markthalle Kataloniens – wenn nicht sogar Spaniens. Der Name Boquería soll auf das alte katalanische Wort »boc« für Fleisch zurückgehen. Die Begründung dieses Marktplatzes geht auf das Jahr 1840 zurück; andere Quellen datieren den Beginn der hiesigen Markttätigkeit auf das Jahr 1217.

La Rambla de Sant Josep 105; Metro: Liceu (c 3); Mo–Sa 8–19 Uhr
····⇢ S. 150, A/B 21

Cortefiel ····⇢ S. 146, C 15
Elegantes Traditionsgeschäft für Damen- und Herrenmode. Eine der ersten Adressen der Stadt.
Pg. de Gràcia 27 (auch Portal de l'Àngel 38 und Av. Diagonal 547); Metro: Pg. de Gràcia (c 2)

Lydia Delgado ····⇢ S. 146, B 14
Produkte einer inzwischen recht bekannten Modeschöpferin mit sehr ausgeprägt weiblich-romantischem Stil. Schöne Trägerkleider. Solide und fachkundige Verarbeitung von hochwertigen Textilien. Hochorigineller Minishop in einer Seitengasse.
C. Minerva 21; Metro: Diagonal (c 2)

Adolfo Domínguez ····⇢ S. 146, B 15
Damen- und Herrenbekleidung des in Spanien berühmten Modeschöpfers. Saloppe Leinenanzüge, dazu elegante Hemden, Kostüme, Blusen. Kultivierte Eleganz zu reichlich gepfefferten Preisen.
Pg. de Gràcia 32, Av. Diagonal 490 und Av. Pau Casals 5; Metro: Diagonal (c 2)

Einkaufen

Luna ····⟩ Umschlagkarte hinten, e 5
Interessantes Modegeschäft der derzeit noch wenig bekannten katalanischen Designerin Cristina Pella Franco. Modelle aus eigenem Entwurf und Zuschnitt, meist mit fließenden Stoffen und dezenten Farben, zu sehr angemessenen Preisen. Der Laden ist klein und versteckt gelegen, aber inzwischen unter Kennern eine geschätzte Adresse.
C. Cotoners; Metro: Jaume I (c 3)

Mango ····⟩ S. 146, B 15
Mode und Zubehör für die junge Großstadtszene. Frech, trendy, aber auch elegant. Vom T-Shirt über Pumps bis zur Lederjacke im Motorrad-Look.
Pg. de Gràcia 65 (weitere Filialen: Portal de l'Àngel 7 und Portaferrissa 16); Metro: Pg. de Gràcia (c 2)

Mercería Santa Ana
····⟩ Umschlagkarte hinten, d 3
Älteste und größte Kurzwarenhandlung Barcelonas, viele Kenner behaupten gar: die kompletteste ganz Europas. Auf zwei Etagen alle Arten von Nähzutaten und Appreturen in allen Stilen und Farben. Was man oft lange Zeit vergeblich suchte, findet sich hier garantiert. Da die Bedienung in der Regel viel Sorgfalt erfordert, ist mit einiger Wartezeit zu rechnen.
Av. Portal de l'Àngel 26; Metro: Pl. Catalunya (c 3)

Nomar ····⟩ S. 150, A 22
Angesehene, aus Galicien stammende Schneiderei für Lederbekleidung. Große Auswahl an Farben, Schnitten und Ledersorten. Das gewünschte Kleidungsstück wird maßgeschneidert und auf Wunsch zugeschickt. Stammkundschaft auch aus Übersee, die die Materialauswahl und die vorzügliche Verarbeitung der Lederwaren schätzt. Anspruchsvolles Produktsortiment, vergleichsweise günstige Preise.
Ramblas 2, Ecke Pl. de Pau 4 (im Obergeschoss); Metro: Drassanes (c 3)

Ribes i Casals ····⟩ S. 146, C 16
Besteht seit 1933 und führt die große Tradition der Stadt im Textileinzelhandel fort. Stoffe und Tuche in allen Qualitätsstufen, vom Schürzenstoff bis zum Designertuch; auch in kleinen Mengen und als Rest zu erhalten. Durchweg günstige Preise. Viele Stammkunden, die aus anderen Ländern anreisen, um hier seltene und originelle Stoffe und Tuche zu erwerben.
C. Pau Claris 79–81; Metro: Urquinaona (c 3)

Fisch und Meeresfrüchte, verführerisch dargeboten auf dem Mercat de la Boquería.

Einkaufen

Die engen Gassen des Barri Gòtic sind ein ausgewiesenes Shopping-Revier.

PARFÜM
Sephora ····⟩ S. 146, B 16
Nach Angaben der Betreiber Europas größtes Parfümgeschäft. Riesige Auswahl an Probierflacons. Exzellente Präsentation, einzigartiges Sortiment.
Centre El Triangle, Pl. de Catalunya 1; Metro: Pl. Catalunya (c 3)

PORZELLAN UND KERAMIK
Art Escudellers ····⟩ S. 150, B 22
Überwältigend große Auswahl an volkstümlichen und künstlerischen Erzeugnissen aus vielen spanischen Provinzen. Schöne Kacheln, Vasen, Krüge und andere Behältnisse. Auch große, künstlerisch ambitionierte Keramikobjekte. Im Tiefgeschoss befindet sich eine kleine Weinstube. Tgl. von 11–23 Uhr geöffnet. Zentrale Lage in einer Seitenstraße der Ramblas.
C. dels Escudellers 23–25, Metro: Drassanes (c 3)

Molsa ····⟩ Umschlagkarte hinten, c 4
Töpfereiwaren aus ganz Spanien, vor allem aus Katalonien, meist mit traditionellen volkstümlichen Dekormotiven in guter und repräsentativer Auswahl. Daneben auch hübsche Glaswaren aus Mallorca.
Pl. Sant Josep Oriol 1; Metro: Liceu (c 3)

Sargadelos ····⟩ S. 146, B 14/15
Kunstvoll gestaltete Keramik aus der in ganz Spanien berühmten Sargadelos-Werkstatt in der galicischen Provinz Lugo. In Form und Farbe einzigartige Stücke. Hohes Preisniveau. Sehr lohnend.
C. de Provença 274; Metro: Diagonal (c 2)

SCHMUCK
Forum Ferlandina
····⟩ Umschlagkarte hinten, b 3
In der unmittelbaren Nachbarschaft der Avantgardemuseen CCCB und MACBA hat sich dieses moderne Schmuckgeschäft angesiedelt. Ungewohnte, ganz eigenwillige Kreationen. Viele internationale Juweliere stellen hier regelmäßig ihre Kollektionen vor, die Preise sind gehoben, gemessen am Kunstwert der Objekte bisweilen allerdings sehr günstig.
C. Ferlandina 31; Metro: Pl. Catalunya (c 3)

Majoral
····⟩ Umschlagkarte hinten, e 5
Exklusive Designerschmuckstücke, oft aus der Verbindung von hochwertigen Edelmetallen mit einfachen Naturmaterialien gefertigt. Anspruchsvolle Stammkundschaft. Immer wieder interessante Schmuckkreationen
C. Argentería 66 (Galeria Alea); Metro: Jaume I (c 3); weitere Filialen: C. Consell de Cent 308 und Av. Diagonal 609 (Pedralbes Centre); www.majoral.com

SCHUHE
Camper ····⟩ S. 146, B 15
Damen- und Herrenschuhe der bekannten, in Mallorca ansässigen Firma, die unter der Markenbezeich-

Einkaufen

nung Camper hochsolide gefertigte, salopp oder elegant gestylte Designerschuhe vertreibt.
C. de Valéncia 249; Metro: Pg. de Gràcia (c 2)

Cristina Castañer ⋯⋯> S. 149, F 9
Leichte Sommerschuhe aus Leinen, entwickelt als Verschönerung der früher gängigen Strandschuhe Espardenyas. Generell sind Schuhe für die heiße Jahreszeit führend in der Kollektion dieser spanischen Schuh-Designerin. Sie spielt mit allen Stilrichtungen und Farben. Auch Ware von gediegener Eleganz, große Auswahl.
C. Mestre Nicolau; Ferrocarriles: Muntaner (c 2)

Corbeto's Boots ⋯⋯> S. 150, A/B 22
Spanische und amerikanische Stiefel. Viele extravagante Modelle, auch Cowboyboots und Flamenco-Stiefeletten. Anspruchsvolles Sortiment.
Las Ramblas 40; Metro: Liceu (c 3)

La Manual Alpargatera ⋯⋯> S. 65, a 3
Seit mehr als 200 Jahren bestehendes Fachgeschäft für »alpargatas«. Die Sohlen dieser leichten, im Sommer beliebten Leinenschuhe bestehen traditionell aus gepresstem Hanf.
C. d'Avinyó 7; Metro: Drassanes oder Liceu (c 3)

Padevi ⋯⋯> S. 150, B 21
Große Auswahl an Sportschuhen, spezialisiert auf Nautikschuhe.
C. Portaferrissa 24–26 (weitere Filialen: Portal de l'Àngel 42 und Pl. Francesc Macià 1); Metro: Liceu (c 3)

Tabak und Zigarren
L'Estanc de Via Laietana
⋯⋯> Umschlagkarte hinten, e 5
Führendes Tabakgeschäft der Stadt. Zum Sortiment zählen an die 500 Zigarrensorten sowie Pfeifentabak und Pfeifenzubehör in allen Preisklassen. Spezialität des Hauses ist der Zigarrenkeller, in dem die verschiedenen Sorten mit der jeweils idealen Temperatur und Feuchtigkeit gelagert werden. Der Laden führt an Zigarren alles, was in der Welt Rang und Namen hat.
Via Laietana 4; Metro: Jaume I (c 3)

Wäsche
Janina ⋯⋯> S. 146, B 15
Traditionshaus. Klassische und extravagante Dessous, vornehmlich hochpreisige Spitzenmarken.
Rambla de Catalunya 94 und Av. Pau Casals 8; Metro: Diagonal (c 2)

Die Passage Bulevard Rosa liegt zwischen Rambla de Catalunya und Passeig de Gràcia.

Am Abend

Designer-, Cava- und Cocktailbars, Jazzclubs, altertümliche Tanzpaläste, Revue- und Varieteetheater.

Barcelonas Nachtleben ist legendär. Als Fiesta für Cocktailkenner erweist sich etwa das Boadas, in dem schon Ernest Hemingway verkehrte.

Am Abend

Destinationen für Vergnügungen am Abend oder in der Nacht gibt es allein im Zentrum von Barcelona in großer Zahl und mit unterschiedlichem Charakter. Wer sich anregen oder aktuelle Angaben zu den einzelnen nächtlichen Amüsierlokalitäten überprüfen möchte, besorge sich am Kiosk die wöchentlich erscheinende Zeitschrift »Guía del Ocio« (www.guiadelociobcn.com). Sie kostet 1 € und informiert über das Konzert- und Opernangebot, andere Kulturveranstaltungen sowie die wichtigsten Bars, Discos, Clubs etc.

Viele dieser Vergnügungsstätten sind bis in die frühen Morgenstunden geöffnet. Erst nach Mitternacht gelangt gewöhnlich die Stimmung zum Höhepunkt. Manche Lokalitäten öffnen gar erst um 22 oder 23 Uhr, andere nur am Wochenende. Generell gilt: Am Freitag- und Samstagabend ist der Betrieb und Andrang stets am größten. Da kann es vorkommen, dass der eine oder andere Club so prall gefüllt ist, dass keine Besucher mehr eingelassen werden. Wenn Sie eine bestimmte Lokalität unbedingt erleben wollen, kommen Sie früh (etwa gegen 22 Uhr), dann gibt es meist noch genügend Plätze.

Ein zentral gelegenes und rundweg erlebenswertes Zentrum für nächtliche Unterhaltung ist das **Maremàgnum** mit seinen Discos (kostenloser Eintritt), Bars und Restaurants. Einen Spaziergang von den Ramblas aus hierher sollte man nicht versäumen. Gerade in den Sommermonaten und an Wochenenden herrscht hier reger Betrieb. Ein weiteres Vergnügungszentrum liegt rund um den Port Olímpic. Hier befindet sich auch das **Casino de Barcelona**; in der Nachbarschaft gibt es vor allem in den warmen Sommernächten viel besuchte Terrassenbars und -restaurants, daneben zahlreiche Clubs und Discos.

Über die Veranstaltungen der **Opera Liceu** (→ S. 51) informiert www.liceubarcelona.es.

MERIAN-Tipp

8 La Paloma

Riesiger, vom architektonischen Schmelz längst verklungener Zeiten erfüllter Tanzsalon. Wuchtige Lüster, viel roter Plüsch, vergoldeter Stuck und Glitzerbeleuchtung. Dekadenz und Glamour, alles etwas in die Jahre gekommen, aber immer noch erlebenswert. Kleine Tischgruppen um das Orchester, das mit Bolero, Chotis, Tango, Cha-Cha-Cha, Rumba oder anderen nostalgischen Tänzen aufwartet. Die meisten Gäste gehören reiferen Jahrgängen an, alles bunt gemischt.

C. del Tigre 27; Metro: St. Antoni (c 3); Tel. 9 33 01 68 97; Do–Sa 18–21.30 und 23.30–5, So 18–22 Uhr; Eintritt 3–5 € ┈┈┈> S. 146, A 16

BARS UND NACHTLOKALE

Boadas ┈┈┈> S. 146, A 16
Kleine, legendäre Cocktailbar, in der schon Hemingway verkehrte. Seit 1933 ein beliebter Treffpunkt von Intellektuellen und Cocktailfans. Drinks auf höchstem Niveau. Angenehm gepflegtes Ambiente, viele Stammgäste.
C. dels Tallers 1; Metro: Catalunya (c 2/3); tgl. 12–2 Uhr

El Café de las Delicias
┈┈┈> Umschlagkarte hinten, a 4
Beliebter Treffpunkt der Intellektuellen im Stadtviertel Raval und gelungenes Beispiel für eine geschmackvolle und zeitgemäße Bar. Sie ist beheimatet in einem historischen Gebäude aus dem Jahr 1850, einer ehemaligen Werkstatt für die Restauration von Bambusmöbeln. Liebenswertes, etwas nostalgisches Ambiente. Verträumte Weisen der Vergangenheit. Frühabends findet der Gast hinreichend Ruhe für Lektüre und Gespräche; nachts herrscht gedrängte Geselligkeit und reichlich Musikbeschallung. Ein sympathischer Ort, der den schnel-

len Moden trotzt und sich seinen soliden, volkstümlichen Stil bewahrt hat. Kleinere Speisen und Happen.
Rambla del Raval 47; Metro: Liceu (c 3); So–Do bis 2, Fr, Sa bis 3 Uhr

Café Idea Internet
⤳ Umschlagkarte hinten, f 5
Bar, Internetcafé, Buchhandlung (rund 2000 Titel) und Ausstellungsraum. Häufig Lesungen, Filmvorführungen, Rezitationen und Vernissagen. Die Internetrechner befinden sich im Untergeschoss. Solides Angebot an Drinks, leckeren Happen und diversen Kuchen. Kulturinteressiertes, kosmopolitisches Publikum. Angenehm ruhiges und anregendes Ambiente mit Leseecke. Interessante Sammlung von Reisebüchern.
Pl. Comercial 2; Metro: Jaume I (c 3); Di–Do 8–24, Fr 8–3, Sa 10–3, So 10–24 Uhr, Mo und die ersten beiden Wochen im Sept. geschl.

El Café que pone Muebles Navarro
⤳ Umschlagkarte hinten, b 3
Ruhige und niveauvolle Bar für ein gehobenes bürgerliches Publikum. Sie befindet sich im Stadtviertel Raval neben der ehemaligen Möbelfabrik Navarro, daher der etwas seltsame Name. Man serviert Kaffee, Spirituosen, Cocktails und kleinere Gerichte, dazu gibt es entspannende Musik, manchmal Gitarrenkonzerte, gelegentlich auch Kleinkunstdarbietungen. Eine der inzwischen seltenen Bars, in der »Tertulias« (intellektuelle Gesprächskreise) stattfinden; auch Literaten treffen sich hier. Die ganze Atmosphäre zeigt eine einmalige, sehr kultivierte Note.
C. Riera Alta 4–6; Metro: Liceu (c 3); Di–Fr 18–24, Sa, So 18–2 Uhr

Café Royale
⤳ Umschlagkarte hinten, c 5
Die derzeit führende Designerbar. Elegant, geradezu luxuriös, verspielt und heiter. Leichte, anregende Musik, gepflegtes Ambiente. Zentral an der Plaça Reial gelegen. Beliebter Treff für die späte Nacht nach 22 Uhr.
C. Nou de Zurbano 3; Metro: Liceu (c 3); Fr, Sa 18–2.30, So–Do 18–3 Uhr

El Cangrejo
⤳ Umschlagkarte hinten, b 6
Berüchtigte, rundum kitschig eingerichtete Spelunke im Barrio Chino. Der bizarre Ort, inzwischen kein Geheimtipp mehr, zieht ein bunt gemischtes Publikum an: Größen der Halbwelt, Spieler, verarmte Lebenskünstler, stadtbekannte Bohemiens, schräge Vögel, Matrosen und Tänzerinnen. Meist schnulzige Musik, auch Tango, Rumba. Bis 3 Uhr geöffnet.
C. Montserrat 9; Metro: Drassanes (c 3); 19–3 Uhr, So geschl.

La Confitería ⤳ S. 150, A 21
Ehemalige Süßwarenhandlung aus der Epoche des Jugendstils, im Jahr 2001 sorgfältig restauriert und aufpoliert. Viele originale Glasvitrinen und Spiegel, stilvolle Lampen, Marmortresen, witzige antiquierte Kasse. In diesem fraglos originellen Ambiente werden exquisite kleine Häppchen (Sardellen und Gänseleberpastete), erlesene Weine und Spirituosen serviert. Gemischtes Publikum, kultivierte, anregende Stimmung.
C. Sant Pau 128; Metro: Paral.lel (c 3); Mo–Sa 19–3, So bis 2 Uhr

Espai Barroc
⤳ Umschlagkarte hinten, e 5
Sehr stilvoll mit Teppichen, Gemälden und Antikmöbeln eingerichteter spätgotischer Saal im Palau Dalmases. Zu klassischer Musik (live!) bzw. Opernweisen werden Abendmenüs und anregende Getränke (auch attraktive nichtalkoholische) serviert. Gelegentlich besteht für das Publikum die Möglichkeit, die Musik à la carte auszuwählen.
C. de Montcada 20; Metro: Jaume I (c 3); Di–Sa 20–2, Do Operntag ab 23 Uhr; Reservierung Tel. 9 33 10 06 73; Eintritt 18 €

Auf der geschlossenen Platzanlage der Plaça Reial geben Straßenmusikanten ein Ständchen. Die klassizistischen Arkadengänge sind gesäumt von Bars und Restaurants.

Les Gens que J'Aime ⤑ S. 146, B 15
Seit vielen Jahren bestehende Bar bzw. Cocteleria, die sich allen modischen Trends verweigert und den Stil der Sechzigerjahre pflegt. Ein Hort für Leute, die Entspannung in einer eher ruhigen Atmosphäre suchen. Dunkel getönter Raum mit bequemen Sitzmöbeln. Gutes Wein- und Cocktailangebot, dezente Unterhaltungsmusik.
C. de València 286; Metro: Pg. de Gràcia (c 3); tgl. bis in die frühen Morgenstunden

Gimlet ⤑ S. 150, C 21
Was die Cocktails betrifft, auf gleichem Hochniveau wie das Boadas. Professioneller Service, Designerausstattung, angenehme Musik, häufig guter Jazz. Besonders beliebt bei Intellektuellen und der Kulturszene.
C. del Rec 24; Metro: Jaume I (c 3); 19–3 Uhr, So geschl.

Ginger ⤑ Umschlagkarte hinten, d 5
Originelles, witziges Lokal mit reichlich Glamour. Art-déco-Elemente, aber auch ultramodernes Outfit, halb Altstadtlokal, halb Schiffsbar oder Eisenbahnwagon. Exquisites Angebot an Weinen; auch Spirituosen und Cocktails in breiter Auswahl. Dazu verlockend herzhafte Tapas. Vor allem für Freunde gepflegter Weine rundweg empfehlenswert. Am Wochenende sehr belebtes Ambiente.
Pl. Sant Just 1; Metro: Jaume I (c 3); werktags bis 2, wochenends bis 3 Uhr; So geschl.

Harlem Jazz Club ⤑ S. 150, B 22
Beliebter Club für niveauvolle Musik, vor allem Jazz. In diesem Sektor eines der führenden Lokale in Barcelona. Regelmäßige Livekonzerte. Hier trifft sich die Jazzszene der Stadt. Nahezu familiäres Ambiente, kultiviertes Angebot an Spirituosen. Eine lohnende Empfehlung für Jazzfreunde.
C. Comtessa de Sobradiel 8 (nahe Pl. St. Miquel); Metro: Jaume I (c 3); tgl. 20–4 Uhr

Maremàgnum ⤑ S. 150, B 23
In diesem großen Einkaufs- und Unterhaltungszentrum gibt es rund

zehn verschiedene Discos mit unterschiedlichen musikalischen Stilrichtungen, insbesondere für ein junges Publikum. Eintritt frei.
Port Vell, Moll d'Espanya s/n; Metro: Drassanes (c 3); tgl. bis in die frühen Morgenstunden

L'Ovella negra ---> S. 146, B 16
Verrauchte, urgemütliche und rustikal eingerichtete Taverne in der Nähe der Ramblas. Beliebter Treffpunkt von Jugendlichen – Einheimischen und Touristen. Der besonderen Atmosphäre wegen sehr beliebt.
C. Sitges s/n (ohne Hausnummer); Metro: Pl. Catalunya (c 3); reger Betrieb ab 23 Uhr

La Part dels Àngels ---> S. 146, A 15
Originelle Weinbar. Der Clou: Hier werden mehr als 100 edle Weine aus Frankreich ausgeschenkt. Die renommiertesten französischen Weinproduzenten sind mit ihren Erzeugnissen vertreten. Eine solche Auswahl findet man ansonsten nirgendwo in Barcelona. Auch edle Schaumweine und Spirituosen. Niveauvolles Klientel erfahrener Weinliebhaber.
C. Enric Granados 26; Metro: Universitat (c 2); Mo bis 21, Di–Sa bis 23 Uhr, So geschl.

Rita Blue ---> S. 150, A 21
Kommunikatives und freundliches Ambiente mit Designermobiliar. Angenehme Unterhaltungsmusik, bisweilen auch kleine Abendveranstaltungen mit Pantomimen, Chansons, Tanzmusik live. Auswahl an delikaten Happen, gepflegte Cocktails.
Pl. Sant Agustí 3; Metro: Liceu (c 3); So–Mi bis 2, Do–Sa bis 3 Uhr

The Clansman
---> Umschlagkarte hinten, e 5
Gut geführte, gemütliche Cocktailbar nahe der Plaça de l'Àngel. Reelle Preise und ambitioniertes Ambiente. Beliebt bei Geschäftsleuten, die gern hierher mit internationalen Gästen kommen. Daher zu Messezeiten oft überfüllt. Sehr erlesene Auswahl an Whisky, außerdem Biere, Cocktails und sanfte Musik zum Entspannen.
C. Vigatans 13; Metro: Jaume I (c 3); tgl. bis 2, Fr, Sa bis 3 Uhr

La Vaquería ---> S. 144, D 9
Klassische Pianobar und Restaurant für ein eher reiferes Publikum, das gutes Essen, Gesellligkeit und inspirierende, beschwingte Klaviermusik als kombiniertes Vergnügen genießen möchte. Solide, bürgerlich orientierte Küche mit frischen Marktprodukten. Klassische Fisch- und Fleischgerichte, große Auswahl an Drinks. Viele Gruppen und Paare. Vitalisierendes Pianoambiente meist erst nach Mitternacht.
C. Déu i Mata 141; Metro: Les Corts (b 2); 21–3.30 Uhr, So und im Aug. geschl.

Vermutito ---> S. 146, A 15
Kleine, angenehm abgedunkelte Bar, wo man auch zu vorgerückter Stunde noch diverse delikate Happen wie Meeresfrüchte, Fleischdelikatessen, Tapas etc. essen kann. Schöner und nobler Thekenbereich. Spezialität des Hauses ist – wie der Name schon vermuten lässt – die opulente Auswahl an Wermutgetränken.
C. Mallorca 211; Metro: Pg. de Gràcia (c 2); Mo–Fr bis 2, Sa 12–16 und 20–3, So 12–15.30 Uhr

DISKOTHEKEN, LIVEMUSIK
Antilla Latin Club ---> S. 145, F 11
Hier kreuzen regelmäßig die versiertesten Salsa-Tänzer auf und machen die Nacht zum Tage.
C. Aragó 141; Metro: Urgell (c 2); tgl. ab 23 Uhr; Eintritt 10 € (Getränk inkl.)

Cibeles ---> S. 146, B 14
Tanzsaal aus längst verklungenen Epochen mit eigenem Orchester. Konventionelle, aber flotte Tanzmusik, große Tanzfläche, gemischtes Publikum.
C. de Còrsega 363; Metro: Diagonal (c 2); Do ab 22, Fr ab 24, Sa 18–21.30, 24–5, So 18–21.30 Uhr

Am Abend

Dostrece ⤳ S. 150, A 21

Sehr geschätzt für sein abwechslungsreiches und niveauvolles Musikangebot. Der Dienstag steht ganz im Zeichen des Tango – mit dem Auftritt professioneller Tänzer. Ähnlich widmet sich der Sonntag der brasilianischen Tanzmusik, der Mittwoch dem Jazz und der Donnerstag dem Flamenco. Auch an den anderen Tagen Livemusik und anregende Weisen für mehr oder weniger geübte Tänzer. Große Tanzfläche im Parterre. Restaurant in der ersten Etage mit internationalen Spezialitäten und kreativen kulinarischen Neuschöpfungen. Kosmopolitisches Publikum, viele Latinos und Tango-Fans. Für alle, die mal wieder beschwingt tanzen wollen. Livemusik meist erst ab 23.30 Uhr.
C. Carme 40; Metro: Liceu (c 3); Infos: www.dostrece.net; Mi–So 22–3 Uhr

Imagine ⤳ S. 146, A 14

Gute Tanzmöglichkeiten ohne übertriebenen Rummel. Ansonsten eine angenehm minimalistisch eingerichtete Bar, in der man auf Nachtschwärmer im Alter zwischen 30 und 70 trifft. Gehobene kultivierte Atmosphäre. Gutes Getränkesortiment, auch kleine delikate Speisen werden angeboten. Die Lautstärke der Musik hält sich angenehmerweise in Grenzen. Ausgeflippte sowie formelle Business-Kleidung werden locker akzeptiert.
C. Aribau 153; Metro: Hospital Clínic (c 2); Mo–Do 19–2.30, Fr, Sa bis 3 Uhr, So geschl.

Imperator ⤳ S. 146, B 14

Große Tanzbar mit Livemusik. Renommierte Adresse für lateinamerikanische Tänze. Gediegenes Ambiente für Leute ab 40 aufwärts. Große Bar mit internationalen Drinks.
C. de Còrsega 327; Metro: Diagonal (c 2); tgl. bis 3 Uhr

Jamboree ⤳ S. 150, B 22

Weithin gerühmt für seine Musikevents. Häufig Jazz spanischer oder ausländischer Gruppen. Auch Livemusik anderen Stils. Täglich Session um 21 und 24 Uhr, danach Disco.
Pl. Reial 17; Metro: Liceu (c 3)

Mirablau ⤳ S. 142, B 5

Disco und Nachtlokal am Fuße der Tibidabo-Zahnradbahn. Angenehmes und ungezwungenes Ambiente. Der Clou hier: der einzigartige Blick

Der beliebte Antilla Latin Club ist die Hochburg der Salsa-Gemeinde Barcelonas.

(durch Großglasscheiben) über die Stadt, vor allem bei Nacht. Disco im Untergeschoss ab 23 Uhr; insgesamt gewöhnlich bis um 5 Uhr geöffnet.
Pl. del Doctor Andreu; Ferrocarril: Tibidabo (c 1)

El Paraigua ⇢ S. 65, b 3
Elegante, niveauvolle Cocktailbar mit Jugendstildekor bei der Plaça de St. Miquel. Dezente, nie zu laute Musik. Eine Lokalität für den besinnlichen Ausklang des Abends. Tagsüber auch als gepflegtes Café geöffnet.
Pas de l'Ensenyança 2; Metro: Liceu (c 3); Mo–Fr 20.30–2, Sa bis 3 Uhr, So geschl.

Pastis ⇢ S. 150, A 22
Auch nach 40 Jahren immer noch ein Erlebnis besonderer Art. Geboten werden französische Chansons, vorzügliche Tapas, anregende Getränke und eine einzigartige Atmosphäre. Ein Hauch Nostalgie vom Montmartre.
C. Sta. Mònica 4; Metro: Drassanes (c 3); tgl. 19.30–2.30 Uhr

Rosebud ⇢ S. 142, B 5
Nahe der Talstation der Zahnradbahn zum Tibidabo gelegene Tanzbar in modernem Design. Sowohl junge Leute als auch reifere Jahrgänge ab 40 fühlen sich hier pudelwohl. In Barcelona ist das Rosebud ein langjähriger Klassiker. Schöner Garten.
C. Adrià Margarit 27; Ferrocarril: Av. del Tibidabo (c 1); 21–5 Uhr, So geschl.

Sala Apolo ⇢ S. 149, F 18
Diskothek in einem erhaltenen Tanzsaal von anno dazumal. Urige Einrichtung mit viel Plüsch, Kitsch und Stuck. Stadtbekannte Bühne für Livemusik am Wochenende.
C. Nou de la Rambla 113; Metro: Paral.lel (c 3); nur Sa und So ab 22.30 Uhr

Salsitas ⇢ Umschlagkarte hinten, c 5
Seit der Eröffnung im Jahr 2000 sehr beliebtes Abendlokal mit Restaurant, Tanzsaal und Disco. Moderne, spektakuläre, leicht poppige Einrichtung. Trendlokal der jüngeren Generation und Szenetreff. Stets reger Betrieb. Unterhaltsame, gesellige Stimmung.
C. Nou de la Rambla 22; Metro: Liceu (c 3); 20–3 Uhr, Mo geschl.

Soniquete ⇢ Umschlagkarte hinten, d 5
Flamenco-Lokal neuen Typs. Viele spontane Tanz- und Musikdarbietungen je nach Laune, Inspiration und

Der Palau de la Música Catalana an der Calle Alta de San Pedro gehört mit seiner überschwänglichen und bizarren Ausstattung zu den Meisterwerken des Modernisme.

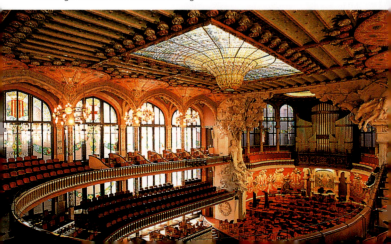

Improvisationslust der Künstler. Häufiger Wechsel von konventionellem Flamenco und neuartigen, reizvollen Stilvarianten. Nicht nur Flamenco-Fans treffen sich hier, auch Nachbarn aus dem Stadtviertel, Touristen, Nachtschwärmer jedweder Couleur. Kein Eintritt, kein festes Programm.
C. Milans 5; Metro: Drassanes (c 3); Do–So 21–3 Uhr

REVUE- UND VARIETEETHEATER
Bagdad ····⟩ S. 149, F 18
Klassisches Revuetheater der gehobenen Klasse mit Erotik-Shows und witzigen Unterhaltungsprogrammen.
C. Nou de la Rambla 103 (Ecke Paral.lel); Metro: Paral.lel (c 3); Tel. 9 34 42 07 77; Mo–Do 23–3.15, Sa, So ab 23.30 Uhr

THEATER UND MUSIK
Opera Liceu ····⟩ S. 150, A 21
Die berühmteste Theater-, Musik- und Opernbühne der Stadt (→ Sehenswertes, S. 70).

Palau de la Música Catalana
····⟩ S. 150, C 21
Prachtvolle, architektonisch vom katalanischen Jugendstil geprägte Konzerthalle (→ Sehenswertes, S. 70).

Teatre Nacional de Catalunya
····⟩ S. 147, F 16
Barcelonas Theaterleben ist meist vereinsorganisiert, die meisten Säle sind nur mittleren Zuschnitts. Das Fehlen eines repräsentativen Stadtsaals bzw. einer städtischen Festhalle als Gegengewicht zu Opern- und Konzertsaal führte das Rathaus zum Bau der großzügigen Anlage eines Nationaltheaters Kataloniens auf dem ehemaligen, jetzt begrünten Areal der Nordbahn bei Glòries. Neben dem etwas pompösen, tempelartig von weißen Säulen, Glasfassade und breiten Aufstiegstreppen geprägten Bau umfasst die Anlage auch das kleinere **Auditori** mit reichhaltiger Kunstbibliothek, Studios und Proberäumen. Im Kern widmet sich das Theater der Pflege und Förderung katalanischer Theaterliteratur, dient aber neben politischen Festakten auch für Großaufführungen moderner Ballettkunst und internationaler Dramatik.
Pl. de les Arts 1; Metro: Glòries (d 2)

Teatre Tívoli ····⟩ S. 146, B 16
Geräumiger großer Theaterbau, dessen Ursprung und Name noch auf die Vergnügungsstätten zurückgeht, die um 1830 zu beiden Seiten des Passeig de Gràcia entstanden und in Anklang an Paris den Namen Camps Eliseos erhielten; dazu zählten auch Lustgärten, Terrassencafés und Vergnügungspavillons. 1919 genügte das den Ansprüchen der kulturell interessierten Bürgerschaft nicht mehr. Den Neubau im maßvollen Neoklassizismus (»noucentisme«) gestaltete Miquel Madorell. Hinter dem eher bescheidenen Foyer des Hauses öffnet sich ein überraschend großzügiger Theatersaal mit Emporen und großer Bühne. Das Teatre Tívoli hat nie allein dem Theater gedient; sein Programm umfasste von Beginn an stets auch Ballett und ernstes musikalisches Lustspiel. Heute dient es vielfach für internationale Musicals, moderne Flamenco-Kunst und Ballettaufführungen.
C. Casp 8–12; Metro: Pl. Catalunya (c 3)

XAMPANYERÍAS (CAVA-BARS)
Reina Cristina
····⟩ Umschlagkarte hinten, e 6
Urige, gemütliche Xampanyería für ein volkstümliches Publikum ohne Dünkel. Die einfache Cava kostet nur 1,80 €. Auch am Spätnachmittag meist gut besucht, viele Stammgäste.
C. Reina Cristina 7; Metro: Barceloneta (c/d 3)

El Xampanyet
····⟩ Umschlagkarte hinten, e 5
Rustikale Cava-Bar nahe dem Picasso-Museum. Diverse Tapas und ein großes Angebot an Cava-Marken und katalanischen Weinen.
C. de Montcada 22; Metro: Jaume I (c 3)

Feste und Events

Schwungvoll geht es keineswegs nur beim Fest der Stadtpatronin Madonna de la Mercè zu.

Zwischen dem 15. und 25. August herrscht zehn Tage lang überschäumende Stimmung bei den Festes de Gràcia – einem Fest zu Ehren der Schutzheiligen Santa María.

Die offizielle Stadtheilige von Barcelona ist Eulàlia, aber das rauschendste Patronatsfest gilt der **Madonna de la Mercè**; dieser Widerspruch scheint keinem etwas auszumachen. So alt ist das Fest zu Ehren der Patronin des Mercedarierordens (»Festa Major de la Mercè«) auch noch gar nicht, erst um das Jahr 1900 hat man damit begonnen. Damals schlug der Katalanismus hohe Wellen. Das Bewusstsein, eine eigene Kultur zu besitzen, gar eine eigene Nation zu sein, breitete sich aus. Da wundert es nicht, dass auf dieser Festa alles aufgeboten wird, was die katalanische Tradition bereithält.

Am Vorabend des 24. September, dem eigentlichen Ehrentag, beginnt das Getöse mit einem zünftigen »correfoc«. Durch die verdunkelten, heillos mit Menschen gefüllten Straßen windet sich ein Feuerwurm aus gespenstischen Pappmascheedrachen, Lindwürmern und Ungetümen, die Feuer schnauben und Funken speien. Wahllos prasselt der Feuerregen über die Menge nieder, es raucht und sprüht, kracht, stinkt, qualmt und schäumt durch die Dunkelheit. Ausgelassene Jugendliche wagen sich besonders nah an das Feuer

Im prasselnden Feuerregen

heran, necken die Drachen gar und bekommen dadurch besonders viel Kontakt mit dem Feuer. Ohne angesengte Haare und geschwärztes Gesicht geht es da nicht ab. Bald löst sich das Getümmel wieder auf. Und in tausenden von Bars feiert die Stadt ihren Ruhm, ihre Kraft, allen Drachen und anderen Wirren dieser Welt selbstbewusst widerstehen zu können.

Dann der eigentliche Feiertag. Vor der Kathedrale wird Sardana getanzt, begleitet von der näselnden Musik der »Copla« von immer elf Instrumenten (→ MERIAN-Spezial, S. 56). Wer mitmachen will, reiht sich ein und tanzt mit. An der Plaça de la Mercè proben schon die »castellers«. Türme aus Menschen werden behutsam aufgebaut; vier, ja fünf Stockwerke hoch. Ein Junge oder Mädchen steigt bis ganz nach oben und zeigt sich stolz der Menge. Auf einem anderen Platz der Stadt formieren sich die »gegants«. Das sind bis zu 8 m hohe Gestalten, die ein in den Figuren verborgener Mann an Stäben hält und durch die Straßen trägt. Sie sollen Ritter, Fürsten und Königspaare versinnbildlichen.

Auf wieder anderen Plätzen haben sich Kindertheater aufgebaut. Überall weht die gelb-rot gestreifte »senyera«, die katalanische Flagge. Tausende Katalanen sind an diesem Festtag auf den Beinen und flanieren durch die Stadt. Es finden Konzerte und Sonderausstellungen statt, die Museen sind kostenlos zu besichtigen.

Wer nach einem solchen Tag noch bei Kondition geblieben ist, schaut sich am Abend noch das große Feuerwerk auf der Avinguda Reina María Cristina am Montjuïc an. Über eine Stunde lang gibt sich die Stadt die Ehre und feuert ihr ganzes Selbstbewusstsein in den dunklen Himmel.

Ein Fest dieser Art erfordert viel gute Laune und unverwüstliche Energie. An freie Sitzgelegenheiten in Bars oder Restaurants ist nicht zu denken, Getränke und Speisen sind nur nach geduldigem Warten zu bekommen. Auch das enge Gewimmel der Menschen gehört dazu. Alle sind auf der Straße: Großeltern, Kinder, Hunde, Männer und Frauen; sie verlieren sich in der Menge, finden sich wieder, trennen sich erneut und schieben sich durch die überfüllten Straßen und Gassen.

Mercè – das ist eine lockere Kette von heiteren Momenten, hier eine Bücherschau, dort eine Pantomimendarbietung, hier ein Gläschen Cava im Stehen, dort eine Begrüßung mit Nachbarn und Bekannten oder eine Tanzeinlage mitten auf der Straße. So vergeht der Tag, heiter, beschwingt, mit Musik, Lebensfreude und Geselligkeit.

Feste und Events

Januar
Cabalgada de Reyes
Ankunft der Heiligen Drei Könige im Hafen. Weihnachtsansprache und großer Umzug durch die Straßen mit Papierdrachen, Konfetti, Bonbons und Musik. Im Zentrum des Umzugs befinden sich die drei Königswagen. Das etwa dreistündige Spektakel beginnt nahe dem Zollgebäude am Hafen.
5. Januar, ab ca. 17 Uhr

Els Tres Tombs
Traditioneller Umzug, früher dreimal um die Kirche St. Antoni Abad, heute quer durch das ganze Stadtviertel. Segnung der Arbeits- und Haustiere. Mitgeführt werden Pferde, aber auch Hunde, Katzen, Kanarienvögel. Volkstümliches Flair. Der Umzug beginnt in der Regel am Mercat de Sant Antoni.
17. Januar

April
Sant Jordi und Dia del Llíbre
Fest des heiligen Georg, des Schutzpatrons Kataloniens. Nach mittelalterlichem Brauch schenken die Herren der Dame ihres Herzens an diesem Tag eine Rose. Zeitgleich findet der Tag des Buches statt, an dem die Damen den Herren ein Buch schenken. Großer Buchbazar auf den Ramblas.
23. April

Mai
Fira de Sant Ponç
Originelle Kleinmesse für Kräuter und Naturheilmittel.
11. Mai, C. de Hospital (in der Altstadt)

Juni
Grec
Sommerfestival mit internationalen Tanz-, Theater- und Musikgruppen.
Ende Juni bis August; www.grec.bcn.es bzw. www.barcelonafestival.com

Sant Joan
Großes Fest zur Sommersonnenwende am Johannistag. Musik, Tanz, Verbrennung von Holzstapeln und Figuren aus Pappmaschee. Großes Feuerwerk auf dem Montjuïc.
23./24. Juni

August
Festes de Gràcia
Zehntägiges Straßen- und Volksfest im Stadtteil Gràcia zu Ehren der Schutzheiligen Santa María. Musik, Tanz und Theater, Essen und Trinken, volkstümliches Ambiente.
Um den 15. August

September
La Diada, Día Nacional de Catalunya
Katalanischer Nationalfeiertag im Gedenken an die Niederlage Barcelonas gegen die Bourbonen unter Felipe V. von Spanien 1714. Diverse Kundgebungen in Erinnerung an den Widerstand gegen die Unterordnung unter die spanische Krone. Zugleich Bekräftigung der katalanischen Autonomie.
11. September

Dezember
Weihnachtsmarkt
Mit einem stimmungsvollen Lichterumzug im Kreuzgang der Kathedrale (Catedral) wird am 14. Dezember, dem Tag der Heiligen Lucia, der traditionelle Weihnachtsmarkt eröffnet. Angeboten werden hier Krippenzubehör, Weihnachtsdekor aller Art sowie Christbäume. Bis zum 6. Januar stellen mehrere Kirchengemeinden aus der Altstadt künstlerisch wertvolle Krippen aus, die zumeist ausgesprochen originell und sehenswert sind.
14. Dezember bis 6. Januar

Winterschwimmen im Hafenbecken
Bald nach Weihnachten kommt es in Erinnerung an ein ehemaliges Tauffest am Stefanstag zu einem spektakulären Ereignis. Hunderte meist junge Menschen stürzen sich trotz der winterlichen Kälte in das Wasser des Hafenbeckens und schwimmen unter den Augen der zahlreichen Passanten bis zum jenseitigen Ufer.
26. Dezember

AUS DER MERIAN-GROSSFAMILIE „ITALIEN".

| ERIAN | live! | guide | kompass | scout | map |

Das eng vernetzte MERIAN Programm bietet Reisen und Genießen auf höchstem Niveau. Was im Magazin vorgestellt wird, lässt sich mit dem Reiseführer vor Ort erleben, und der digitale Reiseführer MERIAN *scout* findet mit Ihrem Navigationsgerät den kürzesten Weg dorthin – oder den schönsten Umweg. Mehr Informationen unter **WWW.MERIAN.DE**

MERIAN
Die Lust am Reisen

Sardana, Gegants und Castellers

Eigenwillige Reigentänze, Riesen aus Pappmaschee und Menschentürme bereichern die Volksfeste.

Wer sich in Barcelona feiertags oder sonntags nach der Hauptmesse um 12 Uhr am Platz vor der Kathedrale aufhält, trifft dort zum Kreis formierte Menschen, die nach eingängigen Melodien einer elfköpfigen Musikgruppe eine Art Reigen tanzen. Auch bei der Festa Major de la Mercè, am Nationalfeiertag La Diada im September, bei Stadtteilfesten wie den Festes de Gràcia im August, den Festes de Sant Andreu im Oktober oder den Festes de Sants im Juli oder an kirchlichen Feiertagen wird der Besucher auf diesen merkwürdigen Reigentanz stoßen, der ihn an süditalienische Volkstänze oder an den griechischen Sirtaki erinnern mag.

Sardana heißt dieser mit Abstand bekannteste und beliebteste katalanische Volkstanz, der angeblich schon seit Jahrhunderten an Festtagen, etwa bei Patronatsfesten, zumeist vor der Kirche oder auf städtischen wie dörflichen Plätzen aufgeführt wird. Bis in die große, machtvolle Zeit Kataloniens im 13. und 14. Jh. reicht die Geschichte der Sardana zurück, obwohl sie eigentlich griechischen Ursprungs sein soll. Die romantische Nationalbewegung des 19. Jh. hat ihn wieder aufleben lassen. Damals wie heute steht der Tanz für den katalanischen Nationalstolz und Freiheitswillen. Seine öffentliche Aufführung war in der Epoche der Franco-Diktatur verboten und lebte damals nur, verstärkt von zahllosen Grenzgängern, im südfranzösischen Roussillon fort.

Die Sardana-Tänzer, Männer und Frauen, Junge und Alte gemischt, formieren sich im Kreis und fassen sich seitlich an den Händen. Paare ordnen sich in der Regel so ein, dass der Mann links, die Frau rechts steht. Getanzt wird in einer markanten Schritt- und Taktfolge aus langen (»pasos llargs«) und kurzen Schritten (»pasos curts«). Zu den kurzen Schritten werden die Hände gesenkt, zu den langen Schritten erhoben. Die Schrittfolge ist kompliziert in Bögen von 24, 36

oder 48 Takten eingerichtet, je nach der Musik, die eine gewöhnlich aus elf Musikern gebildete Kapelle spielt. Sie heißt »copla« und besteht gewöhnlich aus drei Oboen, zwei Trompeten, drei Klarinetten, Piccoloflöte, Kontrabass und kleiner Trommel. Viele katalanische Komponisten haben Sardanes komponiert oder arrangiert. Einer der bedeutendsten war Mitte des 19. Jh. Pep Ventura, nach dem heute in Barcelona eine Metrostation benannt ist.

GEGANTS UND MENSCHENPYRAMIDEN

Zum Repertoire der Patronats- und Stadtteilfeste in Barcelona wie in anderen katalanischen Ortschaften zählen auch Umzüge mit den »gegants«, wie man auf Katalanisch sagt. Das sind aus Pappmaschee konstruierte Figuren, die dreimal so groß wie ein Mensch sein können. Eine Variante davon sind die aus dem gleichen Material kunstvoll gearbeiteten Riesenköpfe. Auch sie sind mittelalterlichen Ursprungs und stellen standardisierte Typen dar: Graf und Königin, Ritter, Hoferbin (»pubilla«), Fischer, Bauer.

Besonders spektakulär gestaltet sich bei derartigen Festen der kunstvolle Aufbau einer Menschenpyramide. Die Vereinsmitglieder, die für diese volkstümliche akrobatische Figur lange trainieren müssen, heißen »castellers«, die Menschenpyramiden oder -türme werden als »castells« bezeichnet. Auch dieser Brauch wurzelt offenbar im Mittelalter und soll mythologisch mit dem Aufstand der Titanen in Verbindung stehen. Später wetteiferten dann katalanische Zünfte, Handwerker- und Arbeitergruppen um die höchste und gleichzeitig schmalste Menschenpyramide, und auch diese Form katalanischer Folklore wurde während der Franco-Diktatur weitgehend unterdrückt.

Im Extremfall wird ein solches Castell aus acht Menschenetagen gebildet. Für den Aufbau der einzelnen Etagen gelten strenge, allgemein verbindliche Regeln. Die Männer drängen sie ganz unten zusammen und bilden eine Art Knäuel oder Pinienzapfen, »pinya« genannt, der die Pyramide trägt. Auf ihren Armen und Schultern bauen sich weitere Männer und Frauen auf, die sich gegenseitig stützen. Etage um Etage wird so vorsichtig aufgetürmt, bis zuletzt ein Junge oder Mädchen an der Pyramide über Knie, Arme und Schultern bis hinauf zur Spitze klettert, um sich dort einen festen Stand zu suchen und mit der freien Hand zu winken.

Bei jeder sich bietenden Gelegenheit wird Sardana getanzt – sinnfälliger Ausdruck des Gemeinschaftssinns der Katalanen.

Familientipps – Hits für Kids

Museen, Aquarium, Zoo und natürlich die Vergnügungsparks – da kommt keine Langeweile auf.

Faszinierend für Jung und Alt: der 80 Meter lange Haifischbeckentunnel im Aquarium, der Hauptattraktion auf dem Moll d'Espanya und das größte seiner Art in ganz Europa.

Familientipps – Hits für Kids

Wer nach Lokalitäten sucht, wo sich eine Familie mit Kindern ein paar Stunden oder einen ganzen Urlaubstag lang ungestört vergnügen kann, begibt sich am besten aus dem verkehrsreichen Zentrum in die Freizeitparks. Vergnügungsstätten wie der **Tibidabo** oder der **Poble Espanyol** auf dem Montjuïc-Gelände sind für Kinder wie geschaffen und verlocken mit zahlreichen Attraktionen. Das geeignete Ambiente für vergnügliche Stunden im Grünen bieten die Gärten und Parks. Kinderfreundlich sind etwa der weitläufige **Parc Güell** mit seinen fantasieanregenden Gebäuden und Sitzbänken, aber auch der zentral gelegene **Parc de la Ciutadella**.

Als große Attraktion für Kinder (und für Erwachsene) hat sich das auch von vielen Gruppen besuchte **Meerwasser-Aquarium** (→ S. 63) erwiesen, zu dem auch ein Großbecken mit imposanten Haifischen zählt. Rund 10 000 Lebewesen aus allen Weltmeeren sind hier zu sehen.

Café Bosc de les fades ⤑ S. 150, A 22
Dieses einzigartige Café befindet sich in einem zentral an den Ramblas gelegenen Hinterhof wenige Schritte vom Eingang zum Wachsfigurenmuseum entfernt. Schummeriges Licht, ringsum Elfen, Gnome und Wurzelzwerge, fliegende Unholde und Gespenster. Man sitzt auf Baumstämmen in einer düsteren Höhle.
Pge. de la Banca 7 (Höhe Ramblas 4–6); Metro: Drassanes (c 3); Tel. 9 33 02 51 67

Catalunya en miniatura ⤑ S. 115, b 3
Ca. 60 000 qm großer Unterhaltungspark, knapp 20 km außerhalb des Zentrums. Derzeit sind dort als Miniaturen rund 170 bedeutende Bauwerke und Monumente aus Katalonien zu sehen, darunter auch die schönsten Baukonstruktionen von Antoni Gaudí.
Torrelles de Llobregat; keine öffentl. Verkehrsmittel; Tel. 9 36 89 09 60; www.catalunyaenminiatura.com; ganzj. tgl. 10–19 Uhr; Eintritt 8 €, Kinder 3 €

Golondrinas ⤑ S. 150, A 22
In unmittelbarer Nähe des Kolumbus-Denkmals legen die »Golondrinas« genannten Boote an, mit denen Barcelona-Besucher eine Rundfahrt durch den Hafen erleben können.
Abfahrt am Kai Moll de les Drassanes/ Portal de la Pau (nahe Kolumbus-Säule); Metro: Drassanes (c 3); tgl. 11.30–18.30 Uhr; Erwachsene je nach Fahrziel 3,50– 8,10 €, Kinder bis 11 Jahre 1,75–3,60 €, bis 18 Jahre 6,10 €; Info-Tel. 9 34 42 31 06

Parc d'Atraccions del Tibidabo
⤑ S. 142, B 6
Großer, bereits zu Beginn des 20. Jh. geschaffener Vergnügungspark auf einem mehr als 500 m hohen Hügel am westlichen Stadtrand. Kirmesähnlicher Rummelplatz mit Karussells, Riesenrad, Achterbahn, Horror-Schloss, Automatenmuseum, Souvenirgeschäft und mehreren Kiosken und Lokalen. Der Tibidabo, von dem sich ein grandioser Blick über die Stadt bietet, kann auch mit einer Zahnradbahn erreicht werden. An Wochenenden ist mit starkem Besucherandrang zu rechnen.
Pl. Tibidabo 3; Ferrocarril: Av. del Tibidabo (c 1); zwischen Ostern und Okt. nur So und Fei 10–19 Uhr; Eintritt ab 7 €, Benutzung aller Unterhaltungsanlagen 20 €, Ermäßigung für Gruppen

Parc Zoològic ⤑ S. 151, D 22
Der Zoo befindet sich im Parc de la Ciutadella und zeigt eine Vielzahl von Tieren, darunter Giraffen, Elefanten, Kängurus, Emus, Bisons, Wasserschweine und Löwen. Täglich findet eine Delfinshow statt. Viel bestaunter und von den Barcelonesen ins Herz geschlossener Star war jahrelang Copito de Nieve, ein großer weißer Albino-Gorilla, der 2003 verschied. Heute sind seine – allerdings nicht weißen – 29 Nachkommen zu bewundern.
Parc de la Ciutadella; Tel. 9 32 25 67 80; Metro: Ciutadella-Vila Olímpica (d 3); tgl. 10–19 Uhr; Eintritt 11 €, Kinder von 3–12 Jahren 7,50 €, Senioren 6,60 €

Unterwegs in Barcelona

Die Plaça de Catalunya ist das zentrale Forum der Stadt; von hier aus lässt sich gut ein Einkaufsbummel über die Ramblas starten.

Immer wieder trifft man auf äußerst originelle Beispiele einer eigenständigen Architektur. Dazwischen eine Vielzahl von Kunstwerken und Skulpturen. Barcelona ist ein riesiges Freiluftmuseum.

Sehenswertes

Barri Gòtic und Modernisme: Zwischen diesen beiden Stilen gibt es viel Spannendes zu erleben.

Schornsteine, erstarrt zu skurrilen Figuren: Die gewellte Dachterrasse der Casa Milà – genannt La Pedrera, der Steinbruch – ist für Besucher geöffnet.

Wer wenig Zeit mitbringt, hat es in der katalanischen Metropole nicht leicht. Das Angebot an Sehenswürdigkeiten ist riesig. Auch wer über die Gunst verfügt, hier eine ganze Besichtigungswoche verbringen zu können, wird sich beschränken, also gut auswählen müssen, welche Attraktionen er aufsuchen will und welche für einen späteren Besuch aufgespart bleiben. Es ergibt daher Sinn, jeden Besichtigungstag gut zu planen und sich stets auf jene Lokalitäten zu konzentrieren, die nahe beieinander liegen und verkehrstechnisch leicht zu erreichen sind. Vieles spricht dafür, Barcelona Stadtviertel um Stadtviertel zu erleben. So gerät der Besuch am gehaltvollsten.

Barcelona kann anstrengend sein, vor allem in den heißen Sommermonaten. Dazu kommt der dichte, lärmende Verkehr an allen Werktagen; die Luftverschmutzung und das Verkehrsgetöse strapazieren bisweilen die Nerven. Als weniger belastend, geradezu als eine Labsal, erweist sich der Sonntag. Der Autoverkehr fällt dann sehr viel weniger störend aus. Für Spaziergänge durch die Stadt ist das der Königstag.

Grundsätzlich kommt man in der Stadt am besten mit der Metro voran. Sie funktioniert zügig und bringt den Besucher problemlos zu seinen Zielen oder zumindest in die Nähe. Während des Berufsverkehrs am Morgen und am Nachmittag ist allerdings auch die Metro stark belastet. Sie kommt aber immer noch schneller voran als Busse oder Taxen.

Unbedingt sollte man über einen aktuellen Stadtplan verfügen. Wer die Stadt gründlich erleben möchte, wird viel zu Fuß gehen und zuweilen – gerade im Sommer – spüren, dass dies eine gute Kondition voraussetzt. Guter Rat: Planen Sie auch Erholungspausen ein und nehmen Sie sich kein übermäßig anstrengendes Tagesprogramm vor. Zum Innehalten und Verschnaufen bieten sich die Parks und Gärten an. Oder man begibt sich zwischendurch in eine Bar oder ein Restaurant und gönnt sich eine Stärkung bzw. Erfrischung. Auch die eine oder andere Ruhepause am Strand kann einen gelungenen Barcelona-Besuch abrunden.

L'Aquarium ···> S. 150, B 23

Diese viel besuchte Schau von rund 10 000 Lebewesen aus allen Weltmeeren gilt als wichtigste im gesamten Mittelmeerraum. Gezeigt werden Fische und andere Meeresbewohner im Kontext diverser Biotope, beispielsweise im Roten Meer, in der Karibik, in Hawaii, in Australien, in einem tropischen Korallenriff oder im Ebrodelta. Bedeutendste Attraktion ist ein großes Becken mit mehreren imposanten Haifischen, das die Besucher durch einen 80 m langen Tunnel aus durchsichtigem Acryl unterqueren können. Informationen leider nur in Katalanisch, Spanisch und Englisch. Es gibt zudem eine Cafeteria und ein Fachgeschäft für Souvenirs und Speziallliteratur über Fische und andere Meeresbewohner.

Moll d'Espanya (im modernisierten Port Vell); Tel. 9 32 21 74 74; Metro: Drassanes (c 3); www.aquariumbcn.com; Mo–Fr 9.30–21, Sa, So, Fei bis 21.30 Uhr; Eintritt Erwachsene 11,50 €, Kinder unter 12 und Personen über 60 Jahren 7,70 €

Associació Call de Barcelona (jüdische Synagoge) ···> S. 65, ab 2

Eine eigens gegründete Gesellschaft widmet sich der Geschichte der jüdischen Gemeinde und des jüdischen Viertels (Call) in der Altstadt von Barcelona. Die Reste einer mittelalterlichen Synagoge wurden restauriert und können heute besichtigt werden. Wer sich für die Historie des Judentums in Barcelona interessiert, bekommt hier solide Einblicke.

C. Marlet 5; Metro: Liceu (c 3); www.calldebarcelona.org; tgl. 11–14.30 und 16–19.30 Uhr; Eintritt 2 €

Das Gotische Viertel bildet seit 2000 Jahren den geistlichen und weltlichen Mittelpunkt der Stadt. Den höchsten Punkt des Areals markiert die majestätische Kathedrale.

Barceloneta ---> S. 151, C/D 23

Im Gegensatz zu den von bürgerlichem Wohlstand geprägten Stadtvierteln wie etwa Gràcia und l'Eixample ist das nahe dem Meer gelegene Viertel Barceloneta ein charakteristischer Lebensraum für einfache Arbeiter und Handwerker. In diesem Stadtteil zeigt sich Barcelona von der volkstümlichen Seite. Die Wohnverhältnisse sind hier schlicht, der Zusammenhalt der Nachbarn umso enger und herzlicher. Hier gibt es zahlreiche kleine Krämerläden, Bars, Wirtschaften und Tavernen mit einem deutlich geringeren Preisniveau als in den feinen Bürgervierteln. Rot- und Weißwein wird hier noch für 2,50 € pro Liter aus dem Fass abgefüllt. In den Gaststätten werden nicht zuletzt für die Rentner, Arbeitslosen, Arbeiter und kleinen Angestellten des Viertels Tagesmenüs ab 6 € angeboten.

Rundweg erlebenswert ist werktags das Treiben in der Markthalle (Mercat Barceloneta) im Zentrum des Viertels. Am Platz vor dem Markt befindet sich die sehenswerte, konsequent altmodisch eingerichtete Bar Electricitat (Carrer de L'Atlantida 61), ein beliebter Treffpunkt für Anwohner mit geringem Einkommen. Typisch für Barceloneta: das bunte, stets gesellige mediterrane Straßenleben und die Praxis fast aller Bewohner, ihre Wäsche zum Trocknen auf dem Balkon oder Fensterbrett aufzuhängen. Jeder Straßenzug ist davon geprägt.

Ursprünglich war diese Gegend nahe dem Hafen eine Sandlagune bzw. später ein Stapelplatz für Waren, die im Port Vell verschifft wurden. Mitte des 18. Jh. konzipierte der Militärarchitekt Joan Martín Cermeño hier ein Stadtviertel, dessen Bauten und Straßen vollkommen regelmäßig nach rationalistischer Manier angelegt waren. Bürger, die ihren Wohnsitz durch den Abriss ihrer Häuser verloren hatten, sowie Fischer wurden hier angesiedelt. Auch im 19. Jh. war Barceloneta vor allem die Heimat

der Fischer und Arbeiter aus der nahe gelegenen Metallfabrik Maquinista. Die Fabrik wurde inzwischen abgerissen, ein Park wurde hier angelegt. Trotz diverser Modernisierungen zeigt Barceloneta immer noch einen markanten volkstümlichen Charme.
Metro: Barceloneta (d 3)

Barri Gòtic ---> S. 65, S. 150, B 21/22
Das Gotische Viertel mit seinen zahlreichen Monumentalbauten aus dem 13. bis 15. Jh. konzentriert sich vornehmlich auf das Areal innerhalb der ehemaligen Stadtmauer. Überdauert haben hier nicht nur gotische Gebäude, sondern auch Bauwerke aus anderen Stilepochen. Typisch für diese Altstadtzone sind neben den historischen Gebäuden die engen, verwinkelten Gassen, die kleinen Plätze und zahlreichen Einzelhandelsläden aus der Vorcomputerzeit (→ Spaziergänge, S. 90). Im Zentrum des Barri Gòtic liegt die **Plaça Sant Jaume**, flankiert vom **Palau de la Generalitat**, dem Sitz der Regionalregierung, und dem Gebäude des **Ajuntament** (Rathaus) mit seiner neoklassizistischen Fassade. Zu den herausragenden historischen Gebäuden im Barri Gòtic zählen neben der **Kathedrale** der **Palau Reial Major**, der **Palau del Lloctinent**, die **Casa dels Canonges** und die **Església del Pi**. Sehenswert sind hier auch das **Museu Frederic Marès** mit Werken des bekannten Bildhauers sowie das **Museu d'Història de la Ciutat** (→ S. 84).
Metro: Jaume I (c 3)

Casa Batlló ---> S. 146, B 15
Die Casa Batlló zählt zu den größten Meisterwerken von Antoni

Gaudí. Der geniale katalanische Architekt befasste sich im Auftrag des Textilfabrikanten Josep Batlló i Casanovas zwischen 1905 und 1907 mit dem Umbau des Gebäudes. Das fantastische Resultat: ein Dach, das Assoziationen an den grünbunten Schuppenpanzer eines Drachen wachruft, seltsame, venezianischen Karnevalsmasken gleichende Balkone, viele schwellende Formen und eine polychrome, geschuppte Fassade, die an die Haut eines Urtiers erinnert.

Auch im Innern zeigt das Gebäude die markante Handschrift des großen Meisters: keine gerade Linie, Treppen, Säulen, Fenster und Deckengewölbe, alles fließt, krümmt und schlängelt sich und wirkt wie ein gewachsenes Formenensemble aus der Natur. Das auch innen komplett restaurierte Gebäude ist mit kostbarem Jugendstilinterieur eingerichtet. Unbedingt sehenswert ist auch die benachbarte Casa Ametller (Pg. de Gràcia 41), eines der schönsten Modernisme-Häuser des Architekten Josep Puig i Cadafalch (tgl. 9–20 Uhr; Eintritt 10 € für der Besuch der ersten Etage, 16 € für Interessierte, die auch den besonders kunstvoll konstruierten Dachstuhl sehen wollen).
Pg. de Gràcia 43; Metro: Pg. de Gràcia (c 2)

Casa Comalat ···> S. 146, B 14
Monumentales Prachtgebäude des Modernisme. Es wurde zwischen 1909 und 1911 vom Gaudí-Schüler Salvador Valeri i Pupurull (1873–1954) konzipiert und zeigt eine stark von Knochenarchitektur und wülstigen Fantasieformen geprägte Fassade. Ausgesprochen kostbar und virtuos sind das schöne Holzportal und der Hausflur, überschwänglich dekoriert mit Ornamenten aus Edelhölzern und mit Stuck. Die Glaspartien im Holzportal und an den Balkonen der Rückseite (Còrsega 316) zeigen die ganze Spannbreite der modernistischen Dekorationskunst.
Av. Diagonal 442; Metro: Diagonal (c 2)

Casa Milà (La Pedrera)
···> S. 146, B 14
Auch das zwischen 1906 und 1910 von Antoni Gaudí für seinen Freund Pere Milà geschaffene Wohnhaus am noblen Passeig de Gràcia spiegelt die ausufernde Genialität des großen katalanischen Architekten wider. Das Wohnhaus (der letzte Profanbau, den Gaudí schuf) gleicht mehr einer gigantischen Skulptur als einem Nutzgebäude. Für die Beschäftigung mit diesem Kunstwerk sollte man sich reichlich Zeit nehmen. Die originelle wellenförmige Steinfassade erinnerte die seinerzeit reichlich verblüfften Barcelonesen an einen stilisierten Steinbruch, daher gaben sie dem Haus den Namen La Pedrera. In der Gesamtkonstruktion erkennt man die für Gaudí typischen fließenden, aus der Natur entlehnten Formen, akzentuiert mit schmiedeeisernen Balkongittern und skurrilen Schornsteinen. Der ganze Bau (heute Sitz einer Bank) wirkt wie aus einer Knetmasse gebildet. Nach umfangreichen Renovierungsarbeiten ist die Casa Milà wieder für Besucher geöffnet.

Im Dachgeschoss informiert der »Espai Gaudí« ausführlich und multimedial über das Lebenswerk des großen Meisters. Dort hat man Zugang zu den originellen Dachterrassen. Auch eine im originalen Stil eingerichtete Wohnung kann besichtigt werden.
Pg. de Gràcia 92/Provença 261–265; Metro: Diagonal (c 2); tgl. 10–20 Uhr; Eintritt Erwachsene 7 €, Kinder unter 12 Jahren gratis; Shop mit Gaudí-Literatur

Casa de les Punxes ···> S. 146, C 14
Großes komplexes Eckgebäude, errichtet vom berühmten Modernisme-Architekten Josep Puig i Cadafalch in der Zeit zwischen 1903 und 1905. Der denkmalgeschützte Bau, auch Casa Terrades genannt, zeigt originelle Bauelemente einer mittelalterlichen Burganlage aus Zentraleuropa. Sehr schöne schmiedeeiserne Elemente, Erker und Zierkacheln. Das monumentale

Die raffiniert angelegten Springbrunnen vor dem Palau Nacional gehören zu dem weitläufigen Erholungsgelände auf dem Montjuïc.

Gebäude repräsentiert einen eigenen, höchst individuellen Stil innerhalb des katalanischen Modernisme.
Av. Diagonal 416–420, Metro: Verdaguer (d 2)

Kacheln und Ziegel verwendet. Beeindruckend sind nicht zuletzt die schmiedeeisernen Dekorationen und die kleinen Dachtürmchen.
C. Carolines 22–24; Metro: Lesseps (c 2)

Casa Vicenç ⇢ S. 142, B 8
Dieses originelle Wohnhaus konzipierte Antoni Gaudí zwischen 1883 und 1889 für den begüterten Fliesenfabrikanten Manuel Vicenç. Es ist angeblich das erste Bauwerk, das Gaudí in Barcelona kreierte. Das rundweg betrachtenswerte Wohnhaus unterscheidet sich deutlich von den Bauten aus den späteren Gaudí-Schaffensphasen. Vor allem im unteren Bereich entspricht die Konstruktion noch recht stark herkömmlichen Vorbildern. Eckige und gerade Strukturen überwiegen. Nach oben hin dominieren allerdings mehr und mehr runde, schwelgende, teilweise der maurischen Architektur entlehnte Formen. Als Baumaterialien wurden vor allem rustikale Natursteine,

Castell de Montjuïc ⇢ S. 149, D 19
Der Besuch dieser hoch über der Innenstadt gelegenen Festung lohnt schon allein wegen der grandiosen Blicke, die man von hier aus genießen kann. Zur Landseite hin blickt man über das Zentrum der Millionenstadt, aus der sich die Sagrada Família heraushebt. Zur Seeseite hin kann man alle Einzelheiten des großen Containerhafens erkennen. Mit Sicherheit war dieser etwa 170 m über Meeresniveau gelegene Felssockel schon in iberischer Zeit besiedelt. Die Römer unterhielten hier einen Wachturm. Das eigentliche Kastell mit seinen Verteidigungsanlagen entstand Mitte des 17. Jh. in der Regierungszeit Felipes IV. und wurde später mehrmals erweitert. Während der Franco-Dik-

Die Catedral de Santa Eulàlia, die Hauptkirche der Stadt, wurde im Stil der katalanischen Gotik erbaut. Der dreischiffige Innenraum ist auffallend schmucklos gestaltet.

tatur war hier ein berüchtigtes Militärgefängnis untergebracht, in dem katalanische Widerstandskämpfer einsaßen. Sehenswert sind auch die Ende des 19. bzw. zu Beginn des 20. Jh. angelegten Gartenanlagen mit schönen Mandarinenbäumen.

Im Innern der Festungsanlage ist heute das **Museu Militar de Montjuïc** (Di–So 9.30–20 Uhr; Eintritt 2,50 €) untergebracht. Es zeigt eine umfassende Sammlung von Waffen, Standarten, Uniformen und Kriegsgerät aller Art. Cafeteria im Innenhof.
Castell de Montjuïc, Metro: Espanya (c 2) (von hier nur durch einen längeren Spaziergang zu erreichen); per Funicular Verbindung zur Av. del Paral.lel

Catedral de Santa Eulàlia
⤳ S. 150, B 21

Die heutige Kathedrale erhebt sich an ebenjener Stelle, an der sich bereits im 5. Jh. eine dreischiffige Basilika befunden hatte. Diese wurde im 8. Jh. durch die Mauren stark beschädigt. Im 10. Jh. ließ man die Reliquien der heiligen Eulàlia, einer Märtyrerin aus der Zeit der Christenverfolgungen unter Diokletian, in die Basilika überführen.

Das heutige Bauwerk stammt im Wesentlichen aus der Zeit zwischen 1298 und der Mitte des 15. Jh. Die Fassade im neogotischen Stil wurde erst gegen Ende des 19. Jh. geschaffen. Zu den größten Kostbarkeiten zählen der Chor mit seinem höchst kunstvoll geschnitzten Chorgestühl, die vier szenischen Marmorreliefs auf der Rückseite des Chors (»Trascoro«), dann in einer Kapelle des südlichen Seitenschiffs der berühmte Christus von Lepanto, eine eindrucksvoll gearbeitete hölzerne Christusfigur, die im Jahr 1571 beim Sieg gegen die türkische Flotte in der Seeschlacht von Lepanto das Kommandoschiff zierte. Sehenswert ist auch der Kreuzgang.
Pl. de la Seu; Metro: Jaume I (c 3)

Font Màgica de Montjuïc
⤐ S. 145, D 12

Diese älteste in der Stadt bestehende Wasserorgel wurde 1929 im Rahmen der Weltausstellung vom Architekten Carles Buigas an der Avg. de la Reina María Cristína eingerichtet und seinerzeit als lichtdurchfluteter Wasserstrom geplant, der sich den Abhang vom Palau Nacional herab ergießt. Ausgeführt wurde das Projekt mit komplexen Wasserspielen an der Rundfontäne, begleitet von beleuchteten Springbrunnen und Wasserfällen.

Seit 1998 finden die Wasserspiele wieder regelmäßig statt. Dabei werden durch die Zusammenschaltung von großen Innenfontänen und etwa 20 kleineren Randfontänen rund 2600 l Wasser pro Sekunde bewegt. Es gibt etwa 15 Synchronisationsprogramme für die Kombination von Wasser, Licht und Musik. Neben klassischen Arrangements wird auch Musik aus Opern und Musicals sowie Popmusik verarbeitet. Durch die Größe des Geländes kommt es so gut wie nie zu unangenehmem Gedränge. Viele Besucher genießen die Wasserspiele im Vorübergehen oder von den Steinstufen aus. Nahebei finden sich einige Bars und Toiletten. Infos auch unter www.bcn.es/fonts.

Verlängerung der Av. de la Reina María Cristina; Metro: Espanya (c 2); Mai–Okt. Do–So 21.30–23.30, Nov.–April nur Fr, Sa 19–21 Uhr

Jardí Botànic de Barcelona
⤐ S. 149, C 17/18

Erst vor wenigen Jahren auf dem Montjuïc-Gelände angelegter Botanischer Garten mit einer Ausdehnung von derzeit 14 ha. Sehr gepflegte Anlage mit Pflanzen und Bäumen aus dem gesamten Mittelmeerraum sowie aus diversen Vegetationszonen Südafrikas, Australiens, Chiles und Kaliforniens. Zahlreiche Erläuterungen, Infozentrum, Erholungszonen.
C. Dr Font i Quer s/n (gegenüber/oberhalb Olympiastadion); Bus Nr. 50, Metro: Espanya (c 2); Tel. 9 34 26 49 35 und 9 33 25 89 42, Fax 9 34 24 50 53; www.bcn.es/icub; Nov.–März, Juli–Aug. tgl. 10–15, April–Juni, Sept.–Okt. 10–17 Uhr; Eintritt 4 €, freier Eintritt am letzten So im Monat

Wegzeiten (in Gehminuten) zwischen wichtigen Sehenswürdigkeiten
*mit öffentlichen Verkehrsmitteln

	C. Batlló, C. Amatller	Catedral	Mercat de la Boquería	Mon. a Colom	Mus. Picasso	Parc de la Ciutadella	Parc Güell	Montjuïc	Poble Esp.	Port Olímpic	Sa. Família
C. Batlló, C. Amatller	–	13	15	25	20	25	40*	45	35*	20*	25
Catedral	13	–	5	10	8	13	45*	35	40*	20*	15*
Mercat de la Boquería	15	5	–	10	13	18	40*	30	35*	25*	15*
Mon. a Colom	25	10	10	–	18	15	45*	25	30*	30	20*
Mus. Picasso	20	8	13	18	–	5	50*	35	40*	25	25*
Parc de la Ciutadella	25	13	18	15	5	–	50*	40	45*	15	25*
Parc Güell	40*	45*	40*	45*	50*	50*	–	60*	50*	50*	35*
Montjuïc	45	35	30	25	35	40	60*	–	20	45*	40*
Poble Esp.	35*	40*	35*	30*	40*	45*	50*	20	–	50*	40*
Port Olímpic	20*	20*	25*	30	25	15	50*	45*	50*	–	25*
Sagrada Família	25	15*	15*	20*	25	25*	35*	40*	40*	25*	–

Mirador de Colom 🍴
·····⟶ Umschlagkarte hinten, c 6

Zur Seeseite hin steht am Ende der Ramblas die Kolumbus-Säule (Monument a Colom). Wer zur 60 m hoch gelegenen Aussichtsplattform hinaufsteigt, genießt von dort einen interessanten Blick auf das Hafengelände und die Altstadt.

Monument a Colom; Metro: Drassanes (c 3); Juni–Sept. tgl. 9–20.30, Okt.–Mai tgl. 10–18.30 Uhr; Eintritt 5 €, Kinder bis 12 Jahre 3,40 €

Opera Liceu ·····⟶ S. 150, A 21

Der Bau entstand auf Initiative der führenden Militärkreise in Barcelona, die nach Abriss des ehrwürdigen alten Teatre, in dem 1750 auch die erste italienische Oper in Barcelona aufgeführt wurde, zwei Neubauten anregten: das Teatre Principal und die Opera Liceu, beide an den Ramblas (Nr. 27 bzw. Nr. 51–65) gelegen. Die Letztere entstand in den Jahren 1844 bis 1848 nach den Plänen von Miquel Garriga i Roca auf dem durch einen Brand des Trinitarierklosters frei gewordenen Platz an den Ramblas, zunächst ganz nach dem Vorbild der zeitgleich errichteten Oper von Paris. Nach einem Brand musste 1862 das Gebäude von Oriol i Mestres grundlegend neu konstruiert werden. Er verlieh ihm, ganz gegen die damalige Tradition, die Bahnhofsfassade mit Rundbogenarkaden und Rundbogenfenstern. Diese unprätentiöse Fassade kennzeichnet das Gebäude bis heute. Sie verschleiert allerdings, dass hinter ihr der nach Mailand zweitgrößte Opernsaal Europas liegt. Er verfügt über eine riesige Bühne und fünf Ränge; alle Sitze sind in rotem Samt ausgeschlagen.

Die Oper wurde das Lieblingskind der großbürgerlichen Gesellschaft an der Wende zum 20. Jh., zumal als das Opernwerk Richard Wagners in Barcelona lebhaften Anklang fand. Vor allem die Logen waren damals heiß begehrt, erst 1981 hat man sie beseitigt. Ihren tragischsten Tag erlebte die Oper am 7. November 1893, als während einer Aufführung ein anarchistisches Bombenattentat 20 Personen tötete. Der Brand aus dem Jahr 1994, der die gesamte historische Inneneinrichtung zerstörte, ist vielen Bürgern Barcelonas noch in lebhafter Erinnerung. Vollständig nach dem alten Vorbild restauriert, bildet die Oper seit 1999 wieder einen der musikalischen Höhepunkte der Stadt.

Las Ramblas 51–65; Metro: Liceu (c 3); Kartenvorbestellung: Tel. 93 85 99 00, Fax 9 34 85 99 70; www.liceubarcelona.com; Besichtigung 10–18 Uhr

Palau de la Música Catalana
·····⟶ S. 150, C 21

Die prachtvolle Konzerthalle gilt als eines der bedeutendsten Gebäude des katalanischen Jugendstils (Modernisme). Das Gebäude mit seinen opulenten Verzierungen und Dekorationen entstand 1905 bis 1908, Architekt war Lluís Domènech i Montaner, der auch andere bedeutende Modernisme-Bauten in Barcelona konzipiert hat. Die Konzerthalle wurde von der

---

MERIAN-Tipp

 Poble Espanyol

Das Spanische Dorf auf dem Montjuïc wurde für die Weltausstellung 1929 angelegt. Es ist heute ein viel besuchtes Freilichtmuseum und – v. a. abends und nachts – ein beliebtes Vergnügungszentrum. Das Museum zeigt Nachbildungen von originellen und historisch bedeutsamen Bauwerken aus ganz Spanien. Restaurants, Bars, Discos, Kunstgewerbegeschäfte und eine Flamenco-Bühne.

Av. del Marquès de Comillas 25; Metro: Espanya (c 2); Mo 9–20, Di–Do 9–2, Fr und Sa 9–4, So 9–24 Uhr; Eintritt 7 €, Kinder 3,70 € Familienticket 14 €
·····⟶ S. 144, C 12

Verspielte Formen der Natur, übersetzt in Architektur: Aussichtsterrasse im Parc Güell.

UNESCO in die Liste des Kulturerbes der Menschheit aufgenommen. Konzertkarten müssen frühzeitig bestellt werden und sind meist sehr teuer.
C. de Sant Francesc de Paula 2; Metro: Urquinaona (c 3); Information: Tel. 9 32 95 72 00, Fax 9 32 95 72 10; www.palaumusica.org; Besichtigung im Rahmen einer geführten Gruppe Mo–So 10–15.30 Uhr, die Führungen (in Katalanisch, Spanisch und Englisch) beginnen alle 30 Minuten, in der Hochsaison ist es ratsam, die Karten für die Gruppenführung (max. 55 Personen) einige Tage vorher zu kaufen; Eintritt mit Führung 8 €, pro Person in der Gruppe 7 €

Palau Güell ⇢ S. 150, A 22

Der berühmte, von Gaudí zwischen 1885 und 1889 entworfene Palast zählt zu den Frühwerken des prominenten katalanischen Architekten. Besonders beeindruckend ist die Konstruktion der Decken und der bunten Kamine auf dem Dach. Wegen Bauarbeiten bis voraussichtlich Anfang 2006 geschlossen.

Nou de la Rambla 3; Metro: Liceu (c 3); Mo–Sa 10.15–18.15 Uhr; Eintritt 2,40 €

Parc d'Atraccions del Tibidabo
→ Familientipps, S. 59

Parc Güell ⇢ S. 143, D 7

Der von Antoni Gaudí konzipierte Park wurde inzwischen von der UNESCO in die Liste der zu schützenden Kulturgüter aufgenommen. Er liegt außerhalb des Zentrums, ist aber mit der Metro einfach zu erreichen und zählt zu den herausragenden und originellen Sehenswürdigkeiten der Stadt. Zu Beginn des 20. Jh. wurde der seinerzeit schon berühmte Architekt Antoni Gaudí von dem vermögenden Industriellen Eusebi Güell beauftragt, auf dem Gelände des heutigen Parks eine vorbildlich in die Natur integrierte Wohnsiedlung zu entwerfen. Da aber die Stadt Barcelona das Projekt am Ende nicht unterstützte, blieb es bei einem Park, der der Öffentlichkeit in den Zwanzigerjahren des 20. Jh. zugänglich gemacht wurde.

Die Promenade am Port Olímpic ist gerade am Wochenende ein beliebtes Ziel für Spaziergänger.

Zu den auffälligsten Konstruktionen zählen das Pförtnerhaus am Eingang zur Parkanlage und der farbige Drache Python, der griechischen Sage nach der Wächter der unterirdischen Gewässer. Zudem eine eigentümliche Säulenhalle und – ein Höchstmaß an Ästhetik und Originalität verkörpernd – eine knallbunte, lang geschwungene Mauerbank. Sie stammt von Gaudís Künstlerkollegen Josep María Jujol und ist nach der Trencadís-Methode, einer Art Collage mit bunten Keramikscherben, gearbeitet. Gaudí und seine Kollegen beschafften sich bei großen Keramikfirmen billige Ausschussware und ließen bei ihren Bauobjekten verschiedenfarbige Keramiksplitter und Scherben von Tellern, Tassen und Kacheln in den weichen Mörtel eindrücken. Dadurch entstanden auf Kosten sparende Art sehr lebhafte Effekte, die sich ideal in das Ensemble des Parks einpassen.

Zum Park zählt auch die Casa-Museu Gaudí (→ S. 77), in der Gaudí viele Jahre lebte und arbeitete. Ab der Metrostation Vallcarca erreicht man den Park über die Avinguda de l'Hospital Militar und das Treppenensemble auf der Baixada de la Glòria.
C. d'Olot s/n; Metro: Vallcarca (d 1), aus der Innenstadt: Buslinie 24

Parc Zoològic
→ Familientipps, S. 59

Plaça Reial   ---> S. 150, B 21/22
Der palmengesäumte, von schönen Arkaden und pompös verzierten Häuserfassaden im neoklassischen Stil eingefasste Platz zählt zu den würdevollsten Orten im Zentrum der Stadt. Die Entstehung dieses schmucken Platzensembles geht zurück auf die Mitte des 19. Jh., die Laternen schuf der junge, seinerzeit noch wenig bekannte Antoni Gaudí. Rings um den Platz befinden sich Terrassenrestaurants, Cafés, Bars und Pensionen. In Sommernächten wird der Ort zum Jugendzentrum und zur Schaubühne der Vergnügungsszene.
Metro: Liceu (c 3)

Port Olímpic   ---> S. 151, E/F 23
Der Olympiahafen – rund 750 Liegeplätze und ein städtisches Segelzentrum – wurde für die Olympischen Spiele 1992 komplett modernisiert. Inzwischen avancierte das gesamte, nahe den Stränden gelegene Viertel zu einem schicken Revier für die Freizeitbedürfnisse gut betuchter Kreise. Neben dem Luxushotel »Arts« haben sich Restaurants, Terrassenlokale und Bars niedergelassen. An Sommerabenden trifft sich hier eine bunte Szene von Leuten. Die Strandpromenade gehört am Wochenende den Spaziergängern und Radfahrern.
Pg. Marítim de la Barceloneta; Metro: Ciutadella-Vila Olímpica (d 3)

Parc Güell – Las Ramblas

Port Vell/Moll d'Espanya
⇢ S. 150, B 23

Dieser Bereich des alten Hafens wurde 1996 völlig neu gestaltet. Das urbanistische Projekt machte aus der rund 100 000 qm großen Moll d'Espanya, nun über einen 330 m langen Holzsteg (Rambla de Mar) erreichbar, ein Unterhaltungs-, Freizeit- und Einkaufszentrum. Zu den herausragenden Attraktionen zählen neben dem berühmten Aquarium das Imax Port Vell, ein Großformatkino der neuen Generation, das Kinozentrum Cines Maremágnum mit acht Kinosälen sowie das eigentliche Maremágnum, ein riesiges Freizeit- und Einkaufszentrum mit Restaurants, Bars, Galerien, Fastfood-Lokalitäten und Moll d'Espanya.
Metro: Drassanes (c 3)

Las Ramblas
⇢ S. 150, B 21

Stets bevölkerte, fast 1,4 km lange Promenade im Herzen der Innenstadt. Der von Bäumen gesäumte, rechts und links von verkehrsreichen Straßen eingefasste Boulevard verbindet die Plaça de Catalunya mit der Plaça Portal de la Pau (Kolumbus-Statue) und wird alljährlich von Abertausenden von Touristen besucht. Oft hört man auch den Namen La Rambla, korrekter ist aber Las Ramblas (oder auf Katalanisch Les Rambles), denn zum Flanierboulevard zählen mehrere Abschnitte – Rambla de Canaletes, Rambla dels Ocells, Rambla de les Flors und Rambla de Santa Mònica.

Der Name Rambla, ursprünglich aus dem Arabischen abgeleitet, bezeichnet im Spanischen ein mehr oder weniger ausgetrocknetes Flussbett, das hier im 13. Jh. existierte. Seit dem Ende des 18. Jh. nehmen die Ramblas den Rang einer Flanier-, Einkaufs- und Prachtstraße ein. Auf dem oberen Teilstück der Ramblas haben sich vor allem Kioske mit einem umfangreichen Angebot an spanischen und internationalen Presseerzeugnissen niedergelassen. Auf der Rambla de les Flors dominieren die Blumen, gefolgt auf der Rambla dels Ocells von Verkaufsständen für Vögel und Haustiere aller Art. Zur Rambla de Santa Mònica hin nimmt die Zahl der Verkaufsstände ab. Sonntags findet hier am Nachmittag ein kleiner Markt für Kunstgewerbe, Schmuck und Handwerksprodukte statt. Die Ram-

Die von früh bis spät und sommers wie winters belebte Flaniermeile der Ramblas wurde in einem ehemaligen Flussbett angelegt.

Die Kirche Sagrada Família ist mit ihrer Aufsehen erregenden Formensprache zum Wahrzeichen Barcelonas geworden.

blas werden vor allem im Sommer zur Schaubühne von Akrobaten, Mimen, Gauklern und Straßenmusikanten. Rechts und links der Ramblas liegen zahlreiche Cafés und Läden, Hotels, Souvenirgeschäfte, Fastfood-Lokale und Vergnügungsstätten. Einen Blick wert sind auch der Markt Boquería, der Ateneu Barcelonès, der Palau de la Virreina, die Belém-Kirche, das altehrwürdige Hotel »Oriente« und das Gran Teatre del Liceu, das nach dem großen Brand von 1994 inzwischen komplett restauriert wurde.
Metro: Catalunya, Liceu oder Drassanes (c 3)

Sagrada Família ····⟩ S. 147, E 15
Als eine »Predigt aus Stein« bezeichnete Antoni Gaudí einst den von ihm konzipierten Sühnetempel, der heute alljährlich von Hunderttausenden besucht wird und zu einem weltbekannten Wahrzeichen Barcelonas geworden ist. Das der Heiligen Familie geweihte und bis zum heutigen Tag aus Spenden finanzierte Bauwerk gilt – obwohl auch andere Baumeister und Bildhauer beteiligt waren – als Lebenswerk des tiefreligiösen Stararchitekten Gaudí.

1882 begannen die Bauarbeiten, 1883 übernahm Gaudí die Bauleitung, die er nahezu 40 Jahre lang, bis zu seinem Tod 1926, innehatte. In diesen Jahren konnten unter anderem Teile der neogotischen Krypta, die Ostfassade (mit der Darstellung der Geburt Christi) und die Apsis fertig gestellt werden. Durch den Spanischen Bürgerkrieg kamen die Bauarbeiten zum Erliegen, erst 1952 wurden sie wieder aufgenommen. Zwischen 1954 und 1976 wurden die Nordfassade und die vier Passionstürme fertig gestellt. Von den geplanten 13 Türmen sind inzwischen acht gebaut.

Nichtsdestotrotz besaß der Meister für die Sagrada Família keinen umfassenden definitiven Bauplan, sondern improvisierte viel und aktualisierte die Konstruktionspläne je nach Bedarf. Einige der Pläne (viele wurden im Bürgerkrieg vernichtet) sind heute in einem angegliederten Museum zu sehen. Die heutigen, maßgeblich von dem Bildhauer Josep María Subirachs geleiteten Fortsetzungsarbeiten an diesem Gesamtkunstwerk basieren auf der Interpretation von Antoni Gaudís expressionistischem Symbolismus. Seit 1994 wurde ziemlich zügig gebaut. Wer die Sagrada Família vor einigen Jahren das letzte Mal besichtigt hat, wird enorme Fortschritte in der Bautätigkeit bemerken.

Zu den bedeutendsten Elementen der Sagrada Família zählen die markanten Türme, die über eine Wendeltreppe bestiegen werden können (nur für Schwindelfreie geeignet), die wundervolle Geburts- oder auch Weihnachtsfassade (mit flügellosen

Las Ramblas – Santa María del Pi

Engeln) und die erst vor wenigen Jahren fertig gestellte Leidensfassade. Alle Eintrittsgelder und Spenden kommen der Weiterführung dieses grandiosen Kirchenbaus zu.

Pl. de la Sagrada Família (d 2); Metro: Sagrada Família (d 2); www.sagradafamilia.org; Okt.–April tgl. 9–18, Mai–Sept. tgl. 9–19 Uhr; Eintritt 8 €, Turmlift 2 €

Santa María del Mar ┄┄⟩ S. 150, C 22
Großer, kompakter Kirchenbau im von vielen engen Gassen durchzogenen Altstadtviertel Ribera. Der Entwurf des Gotteshauses, ein Inbegriff der katalanischen Gotik, geht auf das 14. Jh. zurück. Als wirklich beeindruckend erweist sich vor allem das Innere der dreischiffigen Kirche. Die Anordnung der Pfeiler, Strebebögen und Gewölbe zeichnet sich durch perfekte Harmonie und eine klare, ausgewogen bemessene Struktur der Proportionen aus. So entsteht der angenehme Eindruck von Leichtigkeit und Schlichtheit.

Alle Bauelemente unterstreichen den Eindruck: Hier strebt alles im gotischen Sinne gottwärts nach oben. Unbedingt betrachtenswert sind auch die schönen Buntglasfenster. Gute Akustik für Orgelkonzerte.

Pl. Sta. María del Mar; Metro: Jaume I (c 3); tgl. 9–13.30 und 16.30–20 Uhr

Santa María del Pi ┄┄⟩ S. 65, a 1/2
Schöne einschiffige Kirche im reichen Stil der Bürgergotik, 1322 bis 1450 erbaut. Die Fassade wurde nach damaliger katalanischer Art flächig zwischen zwei achteckigen Türmen mit Spitzbogenportal und Rosette als einzigem Zierrat gestaltet. Sie wird überragt vom braunen Prisma eines 55 m hohen Glockenturms (1470), der von fast allen auf die Kirche zuführenden Straßen aus sichtbar ist. Der großzügig komponierte Innenraum zeigt schöne Glasfenster und einen weit gezogenen, für Katalonien im 15. Jh. typischen Chorbogen. Auf dem Platz davor steht noch eine der beiden Pinien, die der Kirche den Namen gaben; sie wurden 1802 gepflanzt. Die kapellenartige Kirche galt lange Zeit als Gotteshaus der reichen Handelsherren zu Land. Die andere Stadtkirche Santa María del Mar war jene der Fernhandelskaufleute zur See.

Pl. Santa María del Pi; Metro: Liceu (c 3)

Die Figurengruppe der Heiligen Familie an der Ostfassade. Der Grundstein für die Sagrada Família, das wohl bekannteste Bauwerk Antoni Gaudís, wurde 1882 gelegt.

Museen und Galerien

Gaudí, Miró und Picasso sind eigene Museen gewidmet, doch Barcelona bietet weit mehr ...

Das Museum für zeitgenössische Kunst (MACBA) ist selbst eine architektonische Sehenswürdigkeit. Dort finden auch Einzelausstellungen moderner Künstler statt.

CaixaForum – Centre de Cultura Contemporània de Barcelona

Wer nur wenige Tage Zeit in Barcelona zur Verfügung hat, wird sich auch auf nur einige Museen aus der erheblichen Vielfalt konzentrieren können. Stellen Sie sich durch gründliche Vorbereitung eine Route oder mehrere Routen zu jenen Museen zusammen, die nahe beieinander liegen. Und denken Sie daran: Die allermeisten Museen sind montags geschlossen und haben in der Regel im Winter und im Sommer unterschiedliche Öffnungszeiten.

Bei den Informationsstellen der Touristikämter (→ S. 127) erhalten Sie Broschüren mit allen Daten und Erklärungen zu den einzelnen Museen. Ein Blick in diese Broschüren macht Ihnen die Planung und die Auswahl der attraktivsten Museen leichter. Über aktuelle Öffnungszeiten und Eintrittsgebühren der einzelnen Museen informiert auch zuverlässig die wöchentlich erscheinende Zeitschrift »Guía del Ocio«, die man an Kiosken und im Buchhandel für 1 € erwerben kann.

Manche Museen kann man an bestimmten Sonntagen kostenlos besichtigen. Für 15 € lässt sich das so genannte **Articket** erstehen. Es berechtigt zum kostenlosen Besuch von sechs bedeutenden Kunstmuseen und ist für einen Zeitraum von drei Monaten gültig. Das Articket kann bei allen Touristik-Informationsstellen, in den betreffenden sechs Kunstmuseen oder per Telefon unter der Nummer 9 33 26 29 45 bzw. per Fax unter 9 34 84 54 25 erworben werden. Informationen auch über das Internet: www.telentrada.com.

Vor allem die prominenten Kunstmuseen werden in der Hauptsaison von vielen Touristen besucht. Wenn Sie den größten Andrang vermeiden wollen, kommen Sie so früh wie möglich, am besten genau dann, wenn das betreffende Museum gerade geöffnet hat. Fotografieren – zumal mit Blitzlicht – ist in den Museen gewöhnlich generell verboten und nur da und dort mit einer Spezialgenehmigung, die extra zu beantragen ist, möglich. Besucher, die nachweislich über 65 Jahre alt sind, erhalten in fast allen Museen 50 % Rabatt auf den Eintrittspreis.

Museen

CaixaForum ⸺> S. 144, C 12
Untergebracht in einem aufwendig renovierten Modernisme-Gebäude, in der ehemaligen, von dem berühmten Architekten Josep Puig i Cadafalch 1911 konstruierten Textilfabrik Casaramona. Das im März 2002 eingeweihte Museum zeigt in einem beeindruckenden architektonischen Rahmen zeitgenössische Kunst, vor allem internationale Malerei und Bildhauerkunst. Geplant sind Wechselausstellungen zu diversen Themen. Betreiber des Museums ist die Stiftung der katalanischen Bank La Caixa (Infos: www.fundacio.lacaixa.es).
Av. Marquès de Comillas 6–8; Metro: Espanya (c 2); Di–So 10–20 Uhr; Eintritt frei

Casa-Museu Gaudí ⸺> S. 143, D 7
Dieses von dem Architekten Francesc Berenguer konstruierte Haus im Parc Güell bewohnte Antoni Gaudí von 1906 bis 1926. Im Innern sind Möbel, Bauzeichnungen und Konstruktionspläne des Meisters ausgestellt.
Parc Güell, Ctra. Carmel s/n; Metro: Vallcarca (d 1) oder Lesseps (c 2); tgl. 10–18 Uhr, Mo geschl.; Eintritt 4 €

Centre de Cultura Contemporània de Barcelona (CCCB) ⸺> S. 146, A 16
Das direkt neben dem Museu d'Art Contemporani de Barcelona (MACBA) gelegene Museum entstand durch die architektonisch sehr gelungene Überbauung eines historischen Klosterhofs und der angeschlossenen Gebäude. Auf enorm großer Fläche widmet sich die Ausstellung der zeitgenössischen Kunst und Kultur und betont insbesondere die Aspekte Innovation, Experiment und Avantgarde in den Bereichen darstellende

Kunst, Musik, Film oder auch Tanz. Immer wieder interessant aufbereitete Sonderausstellungen stellen einzelne thematische Aspekte der Gegenwartskunst und -kultur in den Mittelpunkt. Für Freunde zeitgenössischer Kunst unbedingt ein Gewinn. Angeschlossen sind auch Räume für Fortbildungen und Konferenzen, ein Shop, ein Café-Restaurant, eine Buchhandlung und ein Dokumentationszentrum. Kommentierte Führungen nur nach Voranmeldung. Zugänglich auch für Rollstuhlfahrer.
C. Montalegre 5; Metro: Catalunya (c 3); www.cccb.org; 21. Juni–21. Sept. Di–Sa 11–20, So, Fei 11–15 Uhr, 22. Sept.–20. Juni Di–Do 11–14 und 16–20, Fr, Sa 11–20, So, Fei 11–19 Uhr; Eintritt 5,50 €

Cosmocaixa/Museu de la Ciència
···> S. 142, B 6

Hier werden naturwissenschaftliche Phänomene auf spielerische und anschauliche Weise nachvollziehbar gemacht. Planetarium, Präsentationen zu den Phänomenen Schallwellen, Optik, Licht, Laser, die menschlichen Sinne, Wettererforschung, Wärme, Trägheitsgesetze, Motoren etc. Dazu gesellt sich eine eigene Spezialabteilung für Kinder. Nach einer wesentlichen Vergrößerung präsentiert sich das Museum seit September 2004 mit sechs Tiefgeschossen und insgesamt neun Etagen.
C. de Teodor Roviralta 55; Ferrocarril: Av. del Tibidabo (c 1); www.fundacio.lacaixa.es; Di–So 10–20 Uhr; Eintritt 3 €, inkl. Planetarium 4,50 € (Sonderabteilung 1,50 €)

Fundació Antoni Tàpies
···> S. 146, B 15

Sitz der Stiftung ist ein historisches Verlagshaus, das der Jugendstilarchitekt Domènech i Montaner entworfen hat. Die Sammlung widmet sich dem Werk des katalanischen Künstlers Antoni Tàpies (* 1923) und gilt weltweit als umfassendste Ausstellung seiner Objekte. Dokumentiert sind die diversen Schaffensperioden des international hoch geachteten Künstlers. Stets zeigt die Tàpies-Stiftung auch Werke anderer zeitgenössischer Künstler.
C. d'Aragó 255; Metro: Pg. de Gràcia (c 2); Di–So 10–20 Uhr; Eintritt 4,20 €

Die Joan-Miró-Stiftung im Parc de Montjuïc zeigt hunderte Werke des Meisters.

Fundació Foto Colectania
---> S. 146, B 14

Die im Jahr 2002 gegründete Stiftung Fundació Foto Colectania widmet sich der künstlerischen Fotografie spanischer und portugiesischer Künstler. Dabei liegt der Focus auf Werken, die zwischen 1950 und der Gegenwart entstanden sind. Die bislang zusammengetragene Sammlung besteht aus rund 2000 Fotoarbeiten von 45 Fotokünstlern, darunter auch auf der Iberischen Halbinsel bekannte Namen wie etwa Toni Catany, Joan Colom, Inés Gonçalves oder Kim Manresa. Gelegentlich werden Spezialausstellungen zu bestimmten Themen veranstaltet. Übersichtliche Präsentation der Fotos auf zwei Etagen. Angeschlossen ist eine Spezialbuchhandlung für Fotokunst.

C. Julián Romea 6; Metro: Diagonal (c 2); www.colectania.es; Mo 17–20.30, Di–Sa 11–14 und 17–20.30 Uhr; Eintritt frei

Fundació Francisco Godia
---> S. 146 B 15

Francisco Godia Sales (1921–1990) war zu Lebzeiten einer der emsigsten und bedeutendsten Kunstsammler Spaniens. Er verstand es, seine enormen geschäftlichen Erfolge mit seinen Leidenschaften Kunst und Autorennen zu verbinden. Die von ihm zusammengetragene Sammlung umfasst vor allem zeitgenössische Zeichnungen und Gemälde, aber auch Keramikkunst und mittelalterliche Kunstobjekte. Gelegentlich finden Themenausstellungen statt. Zugänglich auch für Rollstuhlfahrer.

C. València 284; Metro: Pg. de Gràcia (c 3); www.fundacionfgodia.org; Mi–So 10–18 Uhr; Führungen nur Sa, So 12 Uhr; Eintritt 4,50 €

Fundació Joan Miró
---> S. 149, D 17

Sitz und Ausstellungsgebäude der 1971 von Joan Miró gegründeten Kunststiftung. Schon das von Josep Lluís Sert geschaffene und im Juni 1975 eingeweihte Gebäude ist

Die surrealistische Plastik »Stuhl und Wolke« des Künstlers selbst ziert das Dach der Fundació Antoni Tàpies.

sehenswert. Die Kollektion der Werke von Joan Miró umfasst mehr als 300 Gemälde und Zeichnungen aus der Zeit zwischen 1917 und den Siebzigerjahren, zudem 150 Skulpturen. Für Miró-Verehrer ein Ort höherer Glückseligkeit. Vorzüglich sortierter Museumsladen.

Parc de Montjuïc; Bus 50 oder Metro: Paral.lel (c 3); www.fjmiro.es; Di–Sa 10–19, Do bis 21.30, So, Fei 10–14.30 Uhr; Eintritt 7,20 €

Galeria Olímpica
---> S. 148, C 18

Hier werden Erinnerungen an die Olympischen Spiele in Barcelona im Jahr 1992 wach. Dies war – wie auch in der Ausstellung lebendig dargestellt wird – nicht nur ein 16 Tage dauerndes sportliches Ereignis. In Vorbereitung der Olympischen Spiele wie auch in den Jahren danach erfuhren mehrere Stadtteile Barcelonas, zumal der Hafen- und Küstenbereich, eine umfassende Neugestaltung und Modernisierung. Die abwechslungsreich aufbereitete Show in einem Flügel des Estadi Olimpic de Montjuïc dokumentiert den sportlichen und den städtebaulichen Aspekt mit Originalobjekten, Erläuterungen und audiovisuellen Vorführungen. Zudem informiert die Präsentation über die Geschichte der Olympischen Idee von den ersten Spielen im Jahr 1896 in Athen bis zur Gegenwart. Zu den Besuchern zählen viele Schulklassen und andere junge Leute. Angeschlossen sind auch eine Videothek, ein Shop, ein Archiv, eine Buchhandlung und ein Dokumentationszentrum.

Estadi Olimpic, Pg. Olimpic s/n; Metro: Espanya (c 2), besser Bus Nr. 55; www.fundaciobarcelonaolimpica.es; nur Okt.–März Mo–Fr 10–13 und 16–18 Uhr; Eintritt 2,70 €, Kinder und Rentner 1,50 €

Museu d'Arqueologia de Catalunya
·····> S. 149, D 17

Das Museum widmet sich archäologischen Funden aus Katalonien und von den Balearen aus der Zeit zwischen dem Paläolithikum und der Epoche der Westgoten (5. bis 7. Jh. n. Chr.). Darüber hinaus sind auch Mosaiken, Skulpturen und Keramik aus der Herrschaftszeit der Griechen und Römer zu sehen.

Pg. de Santa Madrona 39–41; Metro: Espanya (c 2); Di–Sa 9.30–19, So, Fei 10–14.30 Uhr; Eintritt 2,40 €

Museu d'Art Contemporani de Barcelona (MACBA) ····> S. 146, A 16

Avantgardistisches, im November 1995 eröffnetes Museum für zeitgenössische Kunst. Das originelle Museumsgebäude stammt vom amerikanischen Stararchitekten Richard Meier. Ausgestellt sind Werke zeitgenössisch-avantgardistischer Künstler wie Tàpies, Pistoletto, Calder oder Boltanski.

Pl. dels Àngels 1; Metro: Catalunya oder Liceu (c 3); Mo, Mi–Fr 11–19.30, Sa 10–20, So, Fei 10–15 Uhr, Di geschl.; Eintritt 7 €, inkl. Sonderausstellung 11 €

Museu de les Arts Decoratives
·····> S. 140, B 3

Untergebracht im schönen Palastgebäude Palau Reial de Pedralbes nahe der Universität, widmet sich diese rundum interessante, von Touristen viel zu wenig beachtete Sammlung der Welt des Designs und der künstlerischen Dekoration. Zu sehen sind u. a. viele schön und kunstvoll geschaffene Objekte aus dem häuslichen Bereich des Mittelalters; zudem typisches Design aus den diversen Stilen und Perioden der Moderne.

Gut vertreten ist auch die zweite Hälfte des 20. Jh. mit für die Zeit typischen Möbeln, Lampen und Gebrauchsgegenständen des Alltags bis hin zu Parfüm- und Rasierwasserflaschen. Eine Fachbuchhandlung und eine Bibliothek bereichern dieses sehenswerte Museum. Kommentierte

---

MERIAN-Tipp
10 Museu Marítim

Auf sehr anschauliche Weise wird hier die Geschichte der Seefahrt beleuchtet. Eine Abteilung widmet sich den Beziehungen zwischen Katalonien und Übersee, eine andere stellt eindrucksvoll die Schlacht von Lepanto nach, bei der 1571 die von Juan de Austria befehligte Flotte die türkische Flotte besiegte. Andere Abteilungen zeigen historische Galeeren, antike Galionsfiguren, Segelschiffe sowie Dokumente zur Geschichte des Barceloneser Hafens. Auch für Kinder interessant. Shop und Cafeteria.

Av. de les Drassanes s/n; Metro: Drassanes (c 3); www.museumaritimbarcelona.org; tgl. 10–20 Uhr; Eintritt 6 €, ermäßigter Eintritt für Kinder, 1. Sa im Monat ab 15 Uhr freier Eintritt
·····> S. 150, A 22

Galeria Olímpica – Museu del Calçat

Der Nachbau der Galeere »Real« in der großen Halle des Museu Marítim. Sie war das Flaggschiff der siegreichen Flotte bei der Schlacht von Lepanto gegen die Türken 1571.

Führungen auf Anfrage. Zugang auch für Rollstuhlfahrer möglich.
Av. Diagonal 686; Metro: Palau Reial (b 2); www.museuartsdecoratives.bcn.es; Di–Sa 10–18, So, Fei 10–15 Uhr; Eintritt 3,50 €, 1. So im Monat freier Eintritt

Museu Barbier-Mueller Art Précolombí ⟶ S. 150, C 22

Wird auch Museo precolombino genannt. Direkt neben dem Picasso-Museum im umgebauten Palau Nadal aus dem 15. bzw. 16. Jh. untergebracht. Rund 80 hochinteressante Ausstellungsstücke widmen sich der Geschichte Mittel- und Südamerikas vor der Eroberung durch die Spanier. Zu sehen sind Keramiken, Grabbeigaben, Skulpturen oder Textilien, beispielsweise aus der Kultur der Azteken, Mayas, Inkas sowie von weniger bekannten Andenvölkern wie den Chavin oder Mochique. Besonders reiche Objektsammlung aus dem Amazonasgebiet. Entstanden ist die Ausstellung in Zusammenarbeit mit dem Museum Barbier-Mueller im schweizerischen Genf, dessen Sammlung auf das Jahr 1908 zurückgeht.
C. Montcada 12–14; Metro: Jaume I (c 3); Di–Sa 10–18, So 10–15 Uhr; Eintritt 3 €, 1. So im Monat 15–20 Uhr freier Eintritt

Museu del Calçat ⟶ S. 65, ab 1

Das Schuh-Museum befindet sich in einem historischen Renaissance-Gebäude, das ehemals der Gilde der Schuhmacher gehörte. Die Sammlung umfasst vielerlei Schuhe unterschiedlicher Stile und Epochen, darunter einige besonders originelle und prominente Einzelstücke wie etwa die Spezialschuhe, die der Alpinist Edmund Hillary trug, der als erster Mensch den Mount Everest bezwang. Auch historisches Handwerkszeug der Schuster wird gezeigt. Rampe für Rollstuhlfahrer vorhanden. Geführte Besichtigungen können nach Voranmeldung arrangiert werden.
Pl. Sant Felip Neri 5; Metro: Jaume I (c 3); Di–So 11–14 Uhr; Eintritt 2 €

Museen und Galerien

Museu de la Catedral ⤑ S. 65, b 1
Das Museum der Kathedrale birgt Kirchenkunst aus mehreren Jahrhunderten. Eindrucksvolle Gemälde wie z. B. die »Pietà« von Bartolomé Bermejo (1490). Die vorgestellten Devotionalien entstammen vergangenen Epochen und werden heute nicht mehr benutzt. Sehenswert ist auch das gotische Ausstellungsgebäude. Angeschlossen ist ein Shop.
Pl. de la Seu s/n; Metro: Jaume I (c 3); Mo–Sa 10–12.15 und 17.15–19, So 10–12.45 und 17.15–19 Uhr; Eintritt 1 €, 1. So im Monat 10–15 Uhr freier Eintritt

Museu de Cera ⤑ S. 150, A 22
Wachsfigurenmuseum, in direkter Nähe der Ramblas gelegen. Ausgestellt sind – detailgetreu aus Wachs gefertigt – rund 360 historische Persönlichkeiten aus Politik, Kultur, Kunst und Unterhaltung. Um die Ecke: das sehenswerte, bei Kindern sehr beliebte **Café Bosc de les fades** 👫, dessen Interieur einer romantischen Märchenwelt nachgebildet ist (→ Familientipps, S. 59).
Pge. de la Banca 7 bzw. Rambla Sta. Mònica 4–6; Metro: Drassanes (c 3); Mo–Fr 10–13.30 und 16–19.30, Sa, So, Fei 11–14 und 16.30–20.30 Uhr; Eintritt 6,65 €, Kinder bis 11 Jahre 3,75 €

Museu de Ceràmica ⤑ S. 140, B 3
Ein durchaus lohnender Ausflug in die Geschichte der Keramikkunst. Die Sammlung beginnt chronologisch mit sehr schönen Keramikobjekten aus der Epoche der acht Jahrhunderte währenden Maurenherrschaft in Spanien. Die 15 Säle in der ersten Etage zeigen zudem Keramikkunst aus der Region Aragón, aus Katalonien, Sevilla, Alcora und Valencia. In der zweiten Etage sind Keramikkunstwerke aus dem 20. Jh. zu sehen, darunter Objekte von Pablo Picasso, Joan Miró, Antoni Cumella und Josep Llorens Artigas.
Palau de Pedralbes, Av. Diagonal 686 (im Palau Reial); Metro: Palau Reial (b 2); Di–Sa 10–18, So, Fei 10–15 Uhr; Eintritt 3,50 €, 1. So im Monat freier Eintritt

Museu Egípci de Barcelona ⤑ S. 146, B 15
Vor wenige Jahren eröffnete Privatsammlung Jordi Clos, die als bedeutendste Kollektion ägyptischer Kunst in Spanien gilt. Das neue Museum umfasst ca. 700 Exponate aus den Themenbereichen Pharaonenkult, Alltagsleben, Religion und Bestattungsbräuche im antiken Ägypten. Angeschlossen ist auch eine sehr gut sortierte Spezialbibliothek. Im gleichen Haus (erste Etage) ist daneben eine Privatsammlung (Fundacíon Francisco Godia) mit Malerei, Skulpturen und Keramik vom Mittelalter bis zur Gegenwart zu sehen.
C. de València 284; Metro: Pg. de Gràcia (c 3); www.fundclos.com; Mo–Sa 10–20, So 10–14 Uhr; Eintritt 5,50 €, Studenten und Rentner 4,50 €

Museu Etnològic ⤑ S. 149, D 17
Kultgegenstände, Alltagsobjekte, Werkzeuge und Schmuck aus den diversen Kulturen Afrikas, Ozeaniens, Asiens und Amerikas. Besonders eindrucksvoll sind die Exponate aus der vorspanischen Ära Lateinamerikas.
Pg. de Santa Madrona s/n; Metro: Espanya (c 2); Di–So 10–14 Uhr, Mo geschl.; Eintritt 3 €, 1. So im Monat freier Eintritt

Museu Frederic Marès ⤑ S. 65, c 1
Das in der Kurzform oft auch als MFM bezeichnete Museum birgt vielerlei überraschend interessante und originelle Kunstobjekte. Den Grundstock für die Sammlung schuf der renommierte katalanische Bildhauer Frederic Marès (1893–1991). Alle von ihm gesammelten Kunst- und Kulturgüter aus vergangenen Epochen vermachte er der Stadt Barcelona. Die Kollektion zeigt zunächst Skulpturen, Reliefs und andere bildhauerische Arbeiten aus vorrömischer Zeit bis in die

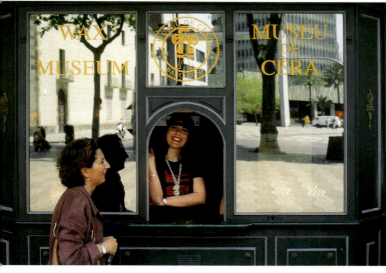

Im Museu de Cera, dem Wachsfigurenkabinett an den Ramblas, sind mehr als 300 lebensgroße Berühmtheiten aus Geschichte, Gegenwart und Fiktion zu bestaunen.

Frühphase des 20. Jh. Des weiteren ist ein Teil der von Marès in ganz Katalonien gesammelten Gegenstände aus der bäuerlichen und bürgerlichen Alltagskultur ausgestellt. Das MFM stellt damit eine der umfangreichsten Sammlungen zur Kultur des privaten Lebens im 19. und 20. Jh. dar.

Eine andere Abteilung widmet sich ausführlich den Skulpturen von Frederic Marès und zeigt ebenso die von ihm gesammelten Gemälde und Möbelstücke. Gelegentlich werden Spezialausstellungen organisiert, die sich zumeist mit Epochen und Stilen der Bildhauerei beschäftigen. Behindertengerechte Zügange.
Pl. Sant Iu 5-6; Metro: Jaume I (c 3); www.museumares.bcn.es; Di–Sa 10–19, So, Fei 10–15 Uhr; Eintritt 3 €, 1. So im Monat und Mi abends freier Eintritt

Museu del Futbol Club Barcelona ⤳ S. 144, A 9

Trophäen, Dokumente, Fotos und audiovisuelle Informationen zur Geschichte des weltberühmten Fußballvereins F.C. Barcelona – des ewigen Rivalen von Real Madrid. Kostenlose Parkplätze, Shop, Cafeteria, Restaurant, Dokumentationszentrum. Zugang auch für Rollstuhlfahrer.
C. Arístides Maillol s/n, Eingang Nr. 7 und 9 des Stadions; Metro: Collblanc (b 2); www.fcbarcelona.com; Mo–Sa 10–18.30, So, Fei 10–14 Uhr; Eintritt 5,30 €, Kinder 3,50 €

Museu de Geologia ⤳ S. 151, D 21

Das Museum wird gelegentlich auch als Museu de Ciències Naturales bezeichnet. Die Sammlung widmet sich der Erdgeschichte und zeigt diverse Gesteine, Mineralien und Fossilien aus Katalonien und ganz Spanien. Angeschlossen ist eine Bibliothek. Führungen auf Anfrage.
Parc de la Ciutadella; Metro: Barceloneta (c/d 3); www.bcn.es/museuciencies; Di, Mi, Fr–So 10–14 Uhr, Do 10–18.30 Uhr; Eintritt 3 €, 1. So im Monat freier Eintritt

Museu d'Història de Catalunya (MHC) ⸺⟩ S. 150, C 22

Ende Februar 1996 eröffnetes Museum, das sich ausgiebig, einfallsreich und mit vielen Originalobjekten der Geschichte Kataloniens von den prähistorischen Anfängen bis zum Jahr 1980 widmet. Themenschwerpunkte im zweiten Stockwerk sind die Zeit der Jäger und Sammler, die Herrschaft der Iberer und der Römer sowie die Epoche der Konsolidierung Kataloniens im Mittelalter.

Im dritten Stockwerk wurden vielerlei Exponate aus der Zeit der Industrialisierung, der sozialen Unruhen während des Aufkommens der anarchistischen Bewegung sowie des jahrzehntelangen katalanischen Widerstands gegen die Franco-Diktatur zusammengetragen. Die Ausstellung ist museumspädagogisch modern aufbereitet und auch für Familien mit Kindern geeignet. Bibliothek und schöne Cafeteria mit Blick auf den Port Vell nahe Imax und Aquarium.
Pl. de Pau Vila 3; Metro: Barceloneta (c/d 3); Di–Sa 10–19, Mi bis 20, So, Fei 10–14.30 Uhr; Eintritt 3 €, 1. So im Monat freier Eintritt

Museu d'Història de la Ciutat ⸺⟩ S. 150, C 21

Direkt über historischen Ausgrabungen im Stadtzentrum gelegen. Die römische Vergangenheit Barcelonas, seinerzeit Barcino genannt, sowie die bedeutendsten Bauwerke aus dem Mittelalter stehen im Mittelpunkt der Sammlung. Viele Originalstücke aus dem römischen Barcino, darunter Olivenmühlen, Tonkrüge zur Aufbewahrung von Olivenöl, Reliefs, steinerne Büsten, Münzen, auch Objekte aus westgotischer Zeit. Interessante Diashow zur Gründung Barcinos.
Pl. del Rei s/n; Metro: Jaume I (c 3); Di–Sa 10–14 und 16–20, So, Fei 10–14 Uhr; Eintritt 4 €, 1. Sa im Monat von 16–20 Uhr freier Eintritt

Museu Militar
→ Spaziergänge, S. 97

Museu Nacional d'Art de Catalunya (MNAC) ⸺⟩ S. 148, C 17

Nach längeren Renovierungsarbeiten wurde das Kunstmuseum mit seiner hochinteressanten Sammlung 1997 wieder eröffnet. Das Museum besitzt allein 270 Werke aus der

Ein mittelalterliches Stadtpalais an der Plaça del Rei birgt heute das Museu d'Història de la Ciutat, das auch mit Exponaten aus der römischen Epoche Barcelonas aufwartet.

Museu d'Història de Catalunya – Museu Picasso

Romanik und etwa 300 aus der Gotik. Eine auf der ganzen Welt konkurrenzlose Sehenswürdigkeit sind die eindringlichen und farbenprächtigen romanischen Freskenmalereien. Sie stammen aus den Apsiden von 29 bedeutenden romanischen Kirchen in den katalanischen Pyrenäen und konnten auf diese Weise vor den Zerstörungen durch den Spanischen Bürgerkrieg gerettet werden.

Neben diesen wunderschönen Freskenmalereien zeigt das Museum sakrale Gegenstände wie Monstranzen und Kreuze, sehr eindrucksvolle Holzskulpturen und Säulenkapitelle. Darüber hinaus finden im restaurierten Palau Nacional wechselnde Ausstellungen statt, wobei die Erläuterungen auch in englischer Sprache angeboten werden.

Palau Nacional; Parc de Montjuïc; Metro: Espanya (c 2); Di–Sa 10–19, So, Fei 10–14.30 Uhr; Eintritt 4,80 €, inkl. Sonderausstellung 8 €, 1. Do im Monat freier Eintritt

Die wertvollen Fresken des Museums für Katalanische Kunst stammen aus vom Verfall bedrohten Kapellen und Kirchen.

Museu de l'Erotica ⇢ S. 150, B 21

Bunte Mischung von erotischen Kultgegenständen aus allen Erdteilen.
La Rambla 96; Metro: Liceu (c 3); tgl. 10–22 Uhr; Eintritt 7,50 €

Museu del Perfum ⇢ Umschlagkarte hinten, d 1

Mehr als 10 000 Ausstellungsstücke aus der Geschichte der Parfümherstellung umfasst diese Kollektion, die von der Stiftung Fundació Planas Giralt bewahrt und gepflegt wird. Zu sehen sind originelle Parfümflaschen und andere -behältnisse der antiken Griechen, Punier, Ägypter oder Römer. Auch Einblicke in die Parfümkultur arabischer und orientalischer Völker werden gewährt. Sehr gut dokumentiert ist auch der Gebrauch von Parfüm in den verschiedenen Lebensstilen des 17., 18. und 19. Jh. Darüber hinaus wird die moderne industrielle Herstellung von Duftwässern erläutert. Wer sich für das Thema interessiert, wird den Besuch der Ausstellung sehr zu schätzen wissen.
Pg. de Gràcia 39 (Rückraum der Parfumería Regia); Metro: Pg. de Gràcia (c 3); www.museodelperfum.com; Mo–Fr 10.30–14 und 16.30–20 Uhr, Sa 11–14 Uhr; Eintritt 5 €, ermäßigt 3 €

Museu Picasso ⇢ S. 150, C 21

Das Museum zeigt auf drei Etagen Werke von Picasso und einigen seiner frühen Zeitgenossen. Die Anordnung folgt chronologischen Gesichtspunkten. Zu sehen sind Bilder und Keramik der Schaffensperioden in La Coruña (Galicien), Málaga, Barcelona und Paris. Die in der Barcelona-Epoche entstandenen Gemälde und Zeichnungen zeigen Szenen aus dem Hafenmilieu, Porträts, Strände und Plätze sowie Landschaften. Die Sammlung umfasst zahlreiche auch weniger bekannte Werke Picassos aus seinen frühen Jahren.

Picasso, Dalí und Miró sind hochkarätige Aushängeschilder Barcelonas – alle drei haben zeitweise in der katalanischen Metropole gelebt und gearbeitet.

Unter den späten Werken ragt vor allem die »Meninas«-Sammlung von 1957 heraus, 23 Variationen zum »Meninas«-Gemälde von Velázquez, ein Geschenk des Künstlers. Im Übrigen widmet sich das Museum in interessanten Sonderausstellungen diversen Zeitgenossen Picassos.

Das Museum erwarb 2002/2003 zwei weitere Paläste in der Carrer Montcada hinzu. Die neue, großzügigere Aufteilung erlaubt eine ideale Harmonie zwischen den kubischen Elementen der gotischen Bauanlagen und den ausgestellten Gemälden. Im Sommer und am ersten Sonntag im Monat lange Warteschlangen. Es gibt auch eine 90-minütige »Walking Tour« auf den Spuren Picassos durch die Stadt. Diese Führung schließt auch einen Besuch des Museu Picasso ein (www.barcelonaturisme.com; 10,50 €, 1. So im Monat 8,50 €).
C. de Montcada 15–23, Einlass Nr. 19; Metro: Jaume I (c 3); Di–Sa, Fei 10–20, So 10–15 Uhr; Eintritt 6 €, inkl. Sonderausstellungen 8,50 €, 1. So im Monat freier Eintritt

Museu Taurí ⇢ S. 147, E 16
Exponate aus der Geschichte des Stierkampfs: Originalkleidung prominenter Toreros, Poster, Fotos.
Gran Via de les Corts Catalanes 743; Metro: Monumental (d 2); Ostersonntag–Sept. Mo–Sa 10.30–14, 16–19, So 10–13 Uhr; Eintritt 3 €

Museu Tèxtil i d'Indumentària
⇢ S. 150, C 21
Die gegenüber dem Picasso-Museum liegende Ausstellung ist in einem restaurierten gotischen Palastgebäude untergebracht und widmet sich der Geschichte der Textilherstellung zwischen dem 4. und dem 20. Jh. Zu den Exponaten zählen neben historischen Stoffen sowie Ball-, Fest- und Abendkleidern auch antike Spinn- und Webmaschinen. Daneben sind einige sehr fantasievoll gefertigte Textilien aus der Zeit des katalanischen Jugendstils zu sehen.
C. de Montcada 12; Metro: Jaume I (c 3); Di–Sa 10–18, So, Fei 10–15 Uhr; Eintritt 3,50 €, 1. So im Monat freier Eintritt

Museu de la Xocolata 👫
···▸ S. 150, C 21

Das im Herbst 2000 eröffnete Museum widmet sich mit zahlreichen Objekten und Informationen der Geschichte der Schokoladeherstellung in Barcelona. Die Sammlung ist in einem historischen Gebäude im Stadtviertel La Ribera untergebracht. Pralinen und Schokoladeerzeugnisse können im Foyer erworben werden. Zugang auch per Rollstuhl.
Pl. de Pons i Clerch/Ecke C. de Comerç 36; Metro: Jaume I (c 3); www.museudelaxocolata.com; Mo–Sa 10–19, So, Fei 10–15 Uhr, Di geschl.; Eintritt 3,60 €, 1. Mo im Monat freier Eintritt

Museu de Zoologia ···▸ S. 151, D 21

Das vom Jugendstilarchitekten Domènech i Montaner geschaffene Gebäude diente für die Weltausstellung des Jahres 1888 als Café-Restaurant. Heute beherbergt es das Zoologische Museum. Zu sehen sind Wirbeltiere, Reptilien und Insekten aus Katalonien, aber auch aus anderen Regionen der Welt. Besondere Erwähnung verdient die Sammlung der Insekten.
Parc de la Ciutadella s/n; Metro: Arc de Triomf (d 3); Di, Mi, Fr–So 10–14, Do 10–18.30 Uhr; Eintritt 3,50 €, 1. So im Monat freier Eintritt

GALERIEN
Centre Català d'Artesanía
···▸ S. 146, B 15

Ständige Ausstellungsadresse für katalanisches Kunsthandwerk. Viele kleinere Objekte aus Metall, Keramik, Glas, Kunststoff. Nicht so sehr Design, eher künstlerische Objekte. Ein Blick in das große Schaufenster vermittelt schon einen treffenden Eindruck.
Pg. de Gràcia 55; Metro: Pg. de Gràcia (c 2)

Ediciones de Diseño ···▸ S. 146, C 15
Seit 1972 bestehendes Institut unter dem Patronat der Stadt Barcelona. Untergebracht in der Casa Thomàs (Jugendstil) und der Designerschule, die aber auch verkauft. Angeboten werden Möbel, Zimmerdekor, Accessoires, Gebrauchsartikel der führenden Designer der Stadt. Immer für eine Überraschung gut, fast durchweg günstige Preise.
C. Mallorca 281; Metro: Pg. de Gràcia (c 2)

Gothsland ···▸ S. 146, B 15
Gemälde, Accessoires und Originalobjekte aus der Zeit des katalanischen Jugendstils. In diesem Bereich wohl die beste Adresse der Stadt. Kompetente und seriöse Leitung.
C. Consell de Cent 331; Metro: Pg. de Gràcia (c 2)

Joan Gaspar ···▸ S. 146, A 15
Die führende Adresse für moderne Kunst. Gemälde, Grafiken, Skulpturen, Objekte bei ausgesprochen fachmännischer Leitung des Geschäfts. Gelegentlich finden sehr renommierte Wechselausstellungen statt. Exzellenter Ruf vor allem bei künstlerischen Raumobjekten.
Pl. Letamendi 1; Metro: Universitat (c 2)

Präparierte Vögel, Fische, Insekten und vieles mehr: das Museu de Zoologia in einem Pavillon der Weltausstellung von 1888.

Spaziergänge und Ausflüge

Ein Souvenir erstehen oder einfach nur die Atmosphäre genießen: Kaum eine andere Flaniermeile in Europa versprüht so viel Leben wie die 1,4 Kilometer langen Ramblas.

Kombiniert man Fahrten mit der Metro und Spaziergänge, erlebt man die Attraktionen der Stadt auf die angenehmste Weise. Lassen Sie sich Raum für spontane Entdeckungen.

⭐ Architektonische Pracht im Zentrum

Charakteristik: Durch das gotische Viertel und über Barcelonas berühmte Flaniermeile Ramblas mit Abstecher ins Picasso-Museum; **Dauer:** etwa 3–5 Std.; **Länge:** knapp 5 km; **Einkehrmöglichkeiten:** viele Bars und Restaurants auf den Ramblas oder an der Plaça Real; **Karte:** ⟶ Umschlagkarte hinten

Die 60 Meter hohe Kolumbussäule an der Plaça Portal de la Pau am Hafen markiert das Südende der Flaniermeile Ramblas.

Unser Spaziergang beginnt nahe dem Monument a Colom an der Plaça Portal de la Pau, denn dort nehmen die **Ramblas**, prominente Flaniermeile der Stadt, ihren Anfang (⟶ Umschlagkarte hinten, c 6). Der Weg auf diesem Boulevard führt mit leichter Steigung aufwärts in Richtung Plaça de Catalunya. Sehenswürdigkeiten unterwegs: die rechts nahe der Ramblas liegende Plaça Reial mit ihren stilvollen Arkaden, dann weiter links der große Wochenmarkt Mercat de la Boquería (So geschl.), der **Palau de la Virreina** aus dem 17. Jh. und die Kirche Església Betlem. An der **Plaça de Catalunya** überqueren wir diagonal den Platz und biegen in den breiten Passeig de Gràcia ein. Bei Nr. 41 erreichen wir die **Casa Amatller** und daneben die berühmte **Casa Batlló** (Nr. 43), wundervolle Beispiele für die fantasievolle Gestaltungskraft des katalanischen Jugendstils.

Plaça de Catalunya ⟶ Las Ramblas
Wir kehren auf der anderen Seite des Passeig de Gràcia zur Plaça de Catalunya zurück und folgen der Avinguda Portal de l'Àngel durch das Einkaufsviertel bis zur Plaça Nova und der **Kathedrale Santa Eulàlia**. Nach ihrem Besuch gehen wir über die Carrer del Bisbe bis zur **Plaça Sant Jaume**, dem bedeutendsten Platz im Barri Gòtic. Gesäumt wird dieser Platz vom Palau de la Generalitat, dem Sitz der katalanischen Regierung, und dem Ajuntament de Barcelona, dem Rathaus der Stadt.

Von der Plaça Sant Jaume biegt die Carrer Llibreteria ab, sie bringt uns zum **Museu d'Història de la Ciutat** (→ S. 84), dem Stadtmuseum, an der Plaça del Rei. Über die Plaça de l'Àngel, dann weiter über die Carrer de la Princesa, schließlich rechts in die Carrer de Montcada einbiegend, erreichen wir dort bei der Nr. 15 das berühmte **Museu Picasso** (→ S. 85). Nach dessen Besuch führt uns der Weg durch die Carrer Montcada zur schönen gotischen Kirche **Sta. María del Mar**. Von dort geht es zurück zu den Ramblas.

Jugendstil-Monumente in Gràcia

Charakteristik: Ein Bummel für Architekturfreunde mit prächtigen Bürgerhäusern des katalanischen Jugendstils; **Dauer:** halber Tag; **Länge:** ca. 2,5 km; **Einkehrmöglichkeiten:** mehrere Restaurants auf der Gran de Gràcia; **Karte:** ⟶ S. 93

Wem dieser Spaziergang zu lang erscheint, sollte sich auf den ersten Teil der Route konzentrieren. Die Strecke von der Plaça de Lesseps zur Avinguda Diagonal ist unbedingt erlebenswert. Ausgangspunkt ist die Metrostation Lesseps.

Plaça de Lesseps ⟶ Casa Vicenç

Wir begeben uns zur Plaça de Lesseps Nr. 30–32/Ecke Ronda del General Mitre, wo sich die beiden Häuser **Casas Ramos**, beide prächtige Exemplare des katalanischen Jugendstils, befinden. Beide Gebäude mit ihren Prachtfassaden entstanden um 1906 und wurden von dem Architekten Jaume Torres i Gran (1880–1945) geschaffen. Auffallend sind vor allem die schönen floralen Zierelemente der Fassade, die einen eher konservativen, gemäßigten Stil des Modernisme verkörpern. Wir gehen die Carrer Gran de Gràcia hinunter und biegen dann bei der Hausnummer 191 nach rechts in die Carrer de les Carolines ein, wo wir bei der Hausnummer 22–24 auf ein bemerkenswertes Kleinod des katalanischen Jugendstils treffen: die **Casa Vicenç**. Dieses Privathaus wurde zwischen 1883 und 1889 von Antoni Gaudí entworfen und zeigt einen noch sehr verhaltenen, frühen Gaudí-Stil. Es dominiert die Kombination von Natursteinen, Ziegeln und Kacheln. Im oberen Bereich des Gebäudes sind wülstige und verspielte, teilweise maurische Formen zu erkennen.

Casa Vicenç ⟶ Rambla de Prat

Unser Weg führt weiter bis zur Avinguda del Princep d'Astúries. Wir überqueren sie und biegen – auf der anderen Seite der Straße angekommen – in die kleine Gasse Passatge de

Zwischen 1903 und 1905 errichtete Puig i Cadafalch die Casa de les Punxes.

Eine typische kleine »Bar an der Ecke« im Stadtteil Gràcia.

Mulet ein. Am Ende dieser Gasse beginnt eine sehr charaktervolle, 1870 geschaffene Wohnstraße bzw. Passage. Sie ist autofrei und zeigt mehrere typische kleine Bürgerhäuser aus dem letzten Drittel des 19. Jh. Nur noch wenige historische Wohnpassagen dieser Art haben in Barcelona überdauert. Sie gelten als architektonische Kostbarkeit.

Wir kehren nun zur Avinguda del Princep d'Astúries zurück, folgen ihr abwärts, bis links die Rambla de Prat abbiegt. Dies ist architektonisch eine besondere Straße, die uns den Anblick von rund zwölf Jugendstilfassaden beschert. Kaum eine andere Straße in Barcelona verfügt über ein so dichtes, kompaktes Ensemble von kunstvoll verzierten Jugendstilfassaden, die zumeist restauriert und sehr gepflegt sind. Alle Fassaden mit ihren Fensterstürzen, Gittern und Balkonen zeigen eine eher verhaltene, nicht sonderlich überschwängliche Ausprägung des Jugendstils, imponieren allerdings durch Eleganz und ausgewogene Formen, so wie es das begüterte Bürgertum seinerzeit favorisierte.

Carrer Gran de Gràcia ⸺⸺⸵
Casa Comalat
Am Ende der Rambla de Prat erreichen wir wieder die Gran de Gràcia, der wir nach rechts (abwärts) folgen. Hier entdecken wir mehrere Häuser mit mehr oder weniger pompösen Jugendstilfassaden. Unter ihnen hebt sich das Haus Nr. 81 (rechts) heraus. Es stammt aus dem Jahr 1905 und besticht vor allem durch seine kostbare Erkerverglasung. Im Parterre ist das galicische Luxusrestaurant **Botafumeiro** untergebracht. Betrachtenswert ist auch die Fassade des Hauses Nr. 74, die Modernisme-Elemente mit klassizistischen Bauformen verbindet. Beeindruckend sind nicht zuletzt die Buntglasverzierungen.

Wir kommen an der Hausnummer 53 vorbei, in der die **Ferretería Soriano**, ein altertümliches Geschäft für Haushaltswaren und Küchenartikel, untergebracht ist. Viele Artikel von anno dazumal sind hier noch zu haben. Folgen wir auf der Gran de Gràcia weiter abwärts, erreichen wir die Nr. 15. Im Erdgeschoss hat sich die Konditorei La Colmena (→ S. 38) niedergelassen. Im ersten Geschoss erblicken wir einen wunderschön verzierten Erker aus buntem Glas, gleichfalls eine virtuose Arbeit, inspiriert vom katalanischen Modernisme. Links bei der Nr. 2–4 lohnt ebenfalls eine Betrachtung der Jugendstilfassade. In diesem monumental konstruierten Gebäude lebte einst der katalanische Dichter Salvador Espriu.

Von nun an weitet sich die Straße. Rechts an der Ecke Passeig de Gràcia und Avinguda Diagonal ist in einem markanten Hochhaus das Generalkonsulat der Bundesrepublik Deutschland ansässig. Wir biegen aber nicht rechts, sondern links in die Avinguda Diagonal ein und treffen bei der Nr. 442 auf die **Casa Comalat**, die der Gaudí-Schüler Salvador Valeri i Pupurull (1873–1954) zwischen 1909 und 1911 errichtet hat. Die grandiose Modernisme-Fassade zeigt typische Knochenarchitektur und wülstige Formen. Hier lohnt unbedingt ein Blick durch das Fensterglas des kostbar verzierten Holzportals. Innen erkennt man einen über alle Maßen prachtvoll gestalteten Hausflur mit edlem Holz- und Stuckdekor.

Casa de les Punxes ---> Verdaguer
Wollen wir auf unserer Route einen letzten Prachtbau des Modernisme betrachten? Dann folgen wir der Avinguda Diagonal bis zur Hausnummer 416–420. Welch ein großes, kurios gestaltetes Gebäude! Dies ist die **Casa de les Punxes**, auch Casa Terrades genannt. Der berühmte Architekt Puig i Cadafalch hat dieses Modernisme-Gebäude im Stil einer mittelalterlichen zentraleuropäischen Burg geschaffen. Auffallend sind die schönen Spitztürmchen, die schmiedeeisernen Ornamente und die bunten Zierkacheln. Wahrlich ein eigentümliches Bauwerk! Wir biegen in die Carrer de Provença ein und erreichen bald die Metrostation Verdaguer. Hier endet unser Spaziergang.

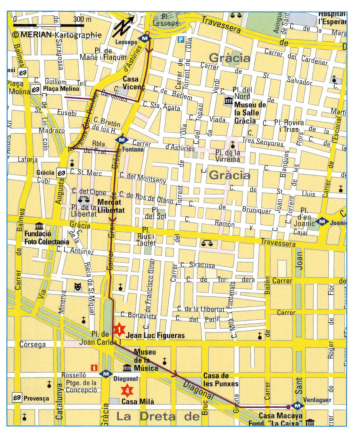

Antoni Gaudí und der Modernisme

Die Architektur wird zum Spiegel der Wiedergeburt des katalanischen Selbstbewusstseins.

Nach dem Spanischen Erbfolgekrieg (1701–1714) verliert Katalonien seine Autonomie und zahlreiche Privilegien. Es beginnt eine Periode des wirtschaftlichen und kulturellen Niedergangs. Erst Anfang des 19. und verstärkt ab Mitte des 19. Jh. erholt sich die Region. Inzwischen ist eine leistungsfähige Textilindustrie herangewachsen, die Verkehrswege werden modernisiert. Barcelona wird zur bedeutendsten Industriestadt Spaniens. Dies alles trägt nach den Jahren der Depression zur Wiedererstarkung des katalanischen Nationalbewusstseins bei. »Renaixença« nennen die Katalanen diese Rückbesinnung auf ihre Identität. Vor allem das von einer Welle des Wohlstands getragene katalanische Bürgertum erweist sich als eine selbstbewusste, auf Modernisierung dringende Kraft. Nicht wenige Großindustrielle engagieren sich für einen künstlerischen und architektonischen Ausdruck dieses katalanischen Wirtschaftswunders.

Im Kontext der Weltausstellung von 1888, die in Barcelona stattfindet, präsentieren sich die ersten künstlerischen Bauvorhaben, die den neuen Geist von Erfolg, Nationalstolz und Innovation unterstreichen sollen. Zu einer differenzierteren stilistischen Ausprägung kommt es aber erst um das Jahr 1900, als der katalanische Jugendstil unter dem Begriff Modernisme nahezu alle katalanischen Städte, insbesondere Barcelona, erfasst.

Junge, ambitionierte, vom Modernisme inspirierte Architekten gibt es in dieser Phase nicht wenige. Auch an reichen Bauherren, vielfach erfolgsverwöhnte Textilindustrielle, die nach eigensinnig konstruierten, originellen und exzentrischen Repräsentationsbauten gieren, fehlt es nicht. Einer von ihnen heißt **Don Eusebi Güell i Bacigalupi**. Er lernt den 25 Jahre alten Architekt **Antoni Gaudí i Cornet** kennen, woraus sich eine rund 40 Jahre währende intensive Projektpartnerschaft ergibt. Der reiche Fabrikant **Eu-**

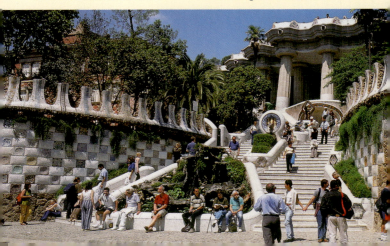

MERIAN-Spezial

sebi Güell stellt das Kapital; und Antoni Gaudí (1852–1926) bekommt freie Hand für seine fantasievoll gestalteten Bauten im Stil des Modernisme.

ÜPPIGE SYMBOLE UND ORNAMENTE
Es beginnt damit, dass Gaudí 1886 von Güell den Auftrag erhält, einen Stadtpalast zu bauen, der heute – benannt nach seinem Finanzier – den Namen **Palau Güell** trägt. Nur die besten, teuersten Baumaterialien finden Verwendung, sogar Hölzer aus Brasilien werden herbeigeschafft. Güell lässt Gaudí gewähren, auch als der sich anschickt, gotische und Mudéjar-Bauelemente in ziemlich ausgefallener Weise miteinander zu kombinieren. Aus der Liaison zwischen Mäzen Güell und Architekt Gaudí entstehen später noch weitere Modernisme-Gebäude wie etwa eine Gartenstadt im hügeligen Westen von Barcelona (**Colònia Güell**) oder der **Parc Güell**.

Gaudí wird immer berühmter und gefragter. Mit jedem Auftrag kann er seine Stilvorstellungen noch konsequenter umsetzen. Zwischen 1905 und 1907 baut Gaudí auf Geheiß des Textilfabrikanten Josep Batlló i Casanovas die heutige **Casa Batlló** um. Zwischen 1906 und 1910 errichtet Gaudí für seinen Freund und Gönner Pere Milà die **Casa Milà**, auch »La Pedrera« genannt. Und schon seit 1883 hat Gaudí die Bauplanung für die **Sagrada Famila**, eine riesige komplexe Sühnekirche, inne.

Mehr als ein Dutzend Gaudí-Bauwerke sind heute in Barcelona zu besichtigen. Aber auch andere weniger prominente Modernisme-Architekten haben das Erscheinungsbild von Barcelona stark geprägt. **Lluís Domènech i Montaner** beispielsweise schuf für die Chorgemeinschaft Orfeó Català sein Meisterwerk **Palau de la Música Catalana**. Auch das Krankenhaus **Hospital de Sant Pau** stammt von Domènech. Seine Bauten zeigen eine üppige Ornamentik und einen ausgeprägten Hang zum Konstruktivismus.

Daneben hat der Politiker und Architekt **Josep Puig i Cadafalch** mit seiner Textilfabrik **Fàbrica Casaramona**, mit der **Casa Amatller** am Passeig de Gràcia oder auch mit der **Casa de los Punxes** die komplexe Stilrichtung des Modernisme bereichert. Die am Rande des Montjuïc-Hügels gelegene Textilfabrik gab der Fabrikant Casimir Casaramona im Jahr 1911 bei Puig in Auftrag.

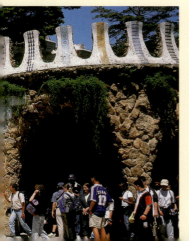

Die doppelläufige Freitreppe zur »Halle der 100 Säulen« im Parc Güell. Das 17 Hektar große Areal gehört seit 1984 zum Weltkulturerbe der UNESCO.

Hinauf zum Freizeitgelände Montjuïc

Charakteristik: Der Spaziergang führt Sie heraus aus dem Getöse der City und lässt Sie eintauchen in idyllische Parks; **Dauer:** ganzer Tag; **Länge:** ca. 7,5 km; **Einkehrmöglichkeiten:** z. B. im Innenhof des Museu Militar; **Karte:** ⤏ Umschlagkarte vorne

Dies wird ein längerer Spaziergang, auch einige – wenngleich nicht dramatische – Steigungen gehören dazu. Der Montag ist ein ungünstiger Tag; dann hat das Museu Militar, das am Wegrand liegt, geschlossen.

Plaça de Espanya ⤏
Jardins d'Aclimatació

Mit der Metro fahren wir bis zur **Plaça de Espanya**, wo wir in die Avinguda del Paral.lel einbiegen. Wir gehen am Messegelände vorbei und biegen dann in die erste Straße rechts, die Carrer de Lleida, ein. Dieser Straße folgen wir bis ganz zum Ende, wo die Straße zur Sackgasse wird. Hier steigen wir auf einer Treppe, umgeben von grünen Bäumen, hinauf zum Gelände des **Montjuïc**.

Ehe wir nun der angegebenen Route folgen, noch ein Hinweis. Auf dem Gelände des Montjuïc gibt es wahrlich auch noch andere lohnende Ziele, die nicht am Wegrand unserer Route liegen. Etwa das renommierte **Museu Nacional d'Art de Catalunya** (→ S. 84) oder die **Fundació Joan Miró** (→ S. 79). Da und dort kann es also durchaus verlockend sein, von unserer Route abzuweichen und sich auch anderen Lokalitäten zuzuwenden.

Wir erreichen ein parkähnliches Gelände, überqueren eine Straße und folgen der Route zunächst immer weiter geradeaus, dann in Kehren bergauf bis zur breiten Avinguda Estadi und wenden uns an deren Rand nach rechts. Wenig später ist schon das **Olympiastadion**, ein markantes Beispiel moderner Architektur, zu sehen. Wir überqueren die Avinguda, gehen am Olympiastadion vorbei und erreichen direkt danach die **Jardins d'Aclimatació**, einen zwischen 10 Uhr und Einbruch der Dunkelheit geöffneten, wenig bekannten Park, der viele seltene Pflanzen und Bäume umfasst.

Der Park wurde anlässlich der Weltausstellung von 1929 angelegt. Rund 200 Arten aus fünf Kontinenten sind hier heimisch, darunter auch einige einzigartige Exemplare wie etwa *Cedrela sinensis* und *Casimiroa edulis*. Der an der Botanik interessierte Besucher entdeckt hier etwa Eiben, Mimosen, Zypressen, Akazien, Kamelien, Maulbeerbäume, Eichen, Palmen, Paternosterbäume oder Libanonzedern. Tauben, Elstern und Nymphensittiche fühlen sich hier so wohl wie Ruhe bedürftige Besucher.

Olympiastadion ⤏
Castell de Montjuïc

Zurück am Olympiastadion werfen wir einen Blick in das weite Rund dieses imposanten Gebäudes. Direkt hinter dem Stadion biegen wir rechts in die Straße ein, die zum **Jardí Botànic** (ausgeschildert) führt. Sie bringt uns zu dem erst vor wenigen Jahren angelegten Botanischen Garten (Sommer 10–17, Winter 10–15 Uhr; Eintritt 1,20 €). Er nimmt ein großes Hanggelände ein, wo Pflanzen und Bäume aus Übersee und aus dem Mittelmeerraum zu bestaunen sind. Nahe dem Eingang zum Botanischen Garten führt eine Straße hinauf und biegt nach rechts hangaufwärts Richtung Passeig Migdia ab. Dort angekommen, folgen wir der Hangstraße nach links und erreichen rechter Hand das **Castell de Montjuïc**.

Das monumentale, wuchtige Verteidigungsgebäude aus dem 18. Jh. lohnt einen aufmerksamen Besuch und beschert dem Besucher mehrere Attraktionen. Überaus beeindruckend ist zunächst der Ausblick aus luftiger Höhe. Zur Seeseite hin erkennt man den großen Containerhafen und Teile des alten Ostfriedhofs. Zur Landseite hin schweift der Blick über die gesamte Innenstadt, aus der sich die Sagrada Família heraushebt. Fern ist der Tibidabo zu erkennen. Viele Panoramafotos von Barcelona, die heute Prospekte und Broschüren zieren, sind von hier oben aufgenommen worden. Zwischen den Schutzgräben, dicken Mauern und Ecktürmen verfügt das Kastell über gepflegte Gärten; auch eine Allee mit Mandarinenbäumen zählt dazu. An Wochenenden (derzeit Sa, Fei 11–19.15 Uhr; Gebühr 3 € pro Fahrt) verbindet der Teleféric (Standseilbahn) das Kastell mit der weiter abwärts gelegenen Avinguda de Miramar.

Im Innern des Kastells ist die Sammlung des **Museu Militar** (Di–So 9.30–20 Uhr; Eintritt 2,50 €) zu sehen. Sie umfasst vor allem Waffen, Standarten, Kriegsgerät und -karten sowie Uniformen. Auch wer das Museum nicht besuchen möchte, tut gut daran, in den Innenhof des Kastells vorzudringen. Für den reduzierten Eintrittspreis von 0,60 € darf man hier die Cafeteria aufsuchen – ein rundweg empfehlenswerter Ort für eine Stärkung und Erfrischung.

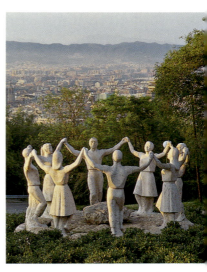

Vom Montjuïc bietet sich ein grandioser Ausblick über die Stadt. Im Vordergrund die Skulptur der Sardana-Tänzer von Josep Cañas.

Castell de Montjuïc ····≻ Edificio Colón

Nach der wohlverdienten Pause – schließlich sind wir bis zu einer Höhe von rund 170 m über Meeresniveau aufgestiegen – verlassen wir das Kastell durch das große Eingangstor und wenden uns sofort nach rechts, wo ein befestigter Fußweg hangabwärts führt, zunächst zu Plaça Mirador de l'Alcalde und dann auf die abwärts führende Hangstraße. Hinter dem Tir Olímpic, einem Schießzentrum, biegen wir rechts in eine kleine, abwärts führende Straße ein. Wir gehen unter einer Überführung durch und biegen dann sofort rechts in einen Park ein, wo ein Weg – im weitesten Sinne Richtung Zentralfriedhof auf der Südseite des Montjuïc – am Hang entlang verläuft. Unterwegs gehen wir unter den gespannten Seilen der **Drahtseilbahn** (»Transbordador aeri«) hindurch, die den Montjuïc mit dem Hafen verbindet.

Auf diesem Weg erreichen wir die wenig bekannten **Jardins Mossén Costa i Llobera**. Diese Parkanlage ist von 10 Uhr bis Einbruch der Dunkelheit geöffnet und überrascht durch eine Ansammlung von tausenden von Kakteen, von denen einige bis zu 6 m hoch sind. Nach der Besichtigung des schönen Parks kehren wir wieder zu dem Weg zurück, auf dem wir gekommen sind. Nach wenigen Metern führt ein Weg nach rechts hangabwärts zur Carrer les Batteries und dann weiter geradeaus zur Carrer de Carrera. Wir folgen dieser Straße bis zur Avinguda del Paral.lel, überqueren sie, gehen wenige Meter am Museu Marítim entlang nach links, biegen dann die erste Straße rechts hinein und erreichen so das **Edificio Colón** und die Metrostation Drassanes.

Vom Alten Hafen zum Olympiahafen

Charakteristik: Über das moderne Einkaufs- und Vergnügungszentrum Maremágnum und das volkstümliche Viertel Barceloneta zum Flanieren an die Meerespromenade; **Dauer:** halber Tag; **Länge:** knapp 4 km; **Einkehrmöglichkeiten:** nahe dem Casino und im Bereich des Olympiahafens; **Karte:** ⸺⋗ S. 150/151

Markanter Beginn für unseren Spaziergang ist die **Kolumbussäule** nahe der Metrostation Drassanes (⸺⋗ S. 150, A 22). Der Spaziergang führt uns in seinem Verlauf an die Strände auf der Seeseite des Viertels Barceloneta. Wer also – entsprechendes Badewetter vorausgesetzt – den Spaziergang mit einem Bad im Meer kombinieren möchte, nehme Badekleidung und Handtücher mit.

Kolumbussäule ⸺⋗ Maremágnum

Wir streben von der Kolumbussäule auf das schöne alte Hafengebäude zu. Rechts liegen am Kai die Ausflugsschiffe (Golondrinas) vertäut, mit denen Touristen eine Hafenrundfahrt bzw. eine Fahrt längs der Küste unternehmen können. Über die moderne Holzbrücke (Rambla de Mar) führt der Weg direkt auf das Gelände des Maremágnum. Durch eine riesige Glasfront treten wir ein in dieses große, täglich geöffnete Einkaufs- und Vergnügungszentrum, wo nahezu immer Rummel geboten ist. Hochbetrieb herrscht hier und in den angrenzenden Gebäuden vor allem während der Nachtstunden am Wochenende. Dann vergnügen sich hier tausende von Einheimischen und Zugereisten aller Altersgruppen.

Maremágnum ⸺⋗ Museu d'Història de Catalunya

Nach einer ausführlichen Begegnung mit dem Maremàgnum, auf das die Barcelonesen nach anfänglicher Skepsis inzwischen mächtig stolz sind, verlassen wir das Gebäude in Richtung Cines Maremàgnum (großes Kinocenter) und gehen am Imax Port Vell vorbei die Moll d'Espanya entlang, bis wir nach rechts zum **Museu d'Història de Catalunya** (→ S. 84) abbiegen. Wer möchte, schaue sich die Bestände des Museums (Di–Sa 10–14 und 16–20, So 10–14 Uhr) an. Sie informieren über die Geschichte und Kultur Kataloniens vornehmlich in der Zeit der frühen Besiedlung und im Mittelalter.

Marina Port Vell ⸺⋗ Platja Barceloneta

Unser Weg führt weiter stadtauswärts am Hafenbecken und seinen Segeljachten (**Marina Port Vell**) entlang bis zum Restaurant Barceloneta, wo wir nahebei den Passeig Joan de Borbò erreichen. Auf dem Passeig gehen wir ein Stück zurück (unterwegs kommen wir an zahlreichen Fischrestaurants vorbei) bis zur Carrer de L'Admiral Cervera. In diese biegen wir nach rechts ein und sind auch schon im volkstümlichen Stadtviertel Barce-

Einkaufszentrum der neuen Generation: Maremágnum am Moll d'Espanya.

Spaziergänge

Lust auf einen Sprung ins Meer? Am weiten Stadtstrand von Barceloneta kein Problem.

loneta. Hier leben vornehmlich Arbeiter, Rentner, Gelegenheitsarbeiter und kleine Angestellte. Typisch für das Viertel ist die Struktur der geometrisch angelegten Straßen und das typisch mediterrane Ambiente mit buntem Straßenleben, vielen kleinen Bars, Tante-Emma-Läden und zum Trocknen aufgehängter Wäsche in nahezu allen Gassen. Wem dieses Ambiente geselliger nachbarschaftlicher Solidarität und betonter Volkstümlichkeit gefällt, mag auch einen Blick in die Straßenzüge links und rechts der Carrer de l'Almirall Cervera werfen. Schließlich gehen wir aber weiter auf dieser Straße und erreichen am Ende die Strandzone. Seit 1985 wurden die zur Seeseite angrenzenden Teile von Barceloneta radikal modernisiert, Lagerhallen und baufällige Häuser weggerissen und entkernt.

Platja Barceloneta ⋯⋯⋯>
Ciutadella-Vila Olímpica

Gelegenheit für ein Bad im Meer bietet sich hier an der **Platja Barceloneta**. Wir gehen am Strand oder auf dem Passeig Marítim weiter in Richtung Olympiahafen und erreichen die von zwei Hochhäusern (Torre Mapfre und Hotel Arts) überragte Zone, wo sich nahe dem Casino zahlreiche Edelrestaurants, Clubs, Bars und Vergnügungsstätten angesiedelt haben.

Nach dem Besuch des volkstümlichen Barceloneta-Viertel sind wir nun wieder in einer Gegend der edlen Etablissements. Wen wundert's. Der **Port Olímpic** liegt direkt vor der Haustür, davor der Passeig Marítim Port Olímpic. Hier treffen sich die Segler und Begüterten, die Geschäftsleute und Erfolgreichen vor oder nach einem Segeltörn oder zu einem gepflegten Essen in einem der schicken Terrassenrestaurants.

Vom Olympiahafen kehren wir um, nehmen den Weg zwischen den beiden besagten Hochhäusern hindurch, dann schräg nach links, überqueren die Ronda Litoral und erreichen schließlich die Metrostation Ciutadella-Vila Olímpica. Hier endet unser Spaziergang.

El Raval – Viertel mit besonderem Charme

Charakteristik: Dieser volkstümliche Stadtteil mit kosmopolitischem Charakter bietet zeitgenössische Kunst, originelle Geschäfte und Jugendstil im Hotel España; **Dauer:** ca. 3 Std.; **Länge:** ca. 2 km; **Einkehrmöglichkeiten:** Rita Blue an der Plaça de Sant Augustí; **Karte:** ···≻ Umschlagkarte hinten

Das Raval-Viertel liegt westlich der Ramblas und lag im Mittelalter außerhalb der Stadtmauern. Soziologisch betrachtet sind es eher die Unterschichten, die hier leben: viele ausländische Mitbürger, nicht wenige deklassierte, arbeitslose oder einkommensschwache Barcelonesen. Aber auch El Raval ist Barcelona. Das Viertel verfügt über einen sehr eigenen Charme. Daher rundet ein Spaziergang durch diesen Lebensraum den Gesamteindruck, den man von der Stadt mitnimmt, ab.

Noch ein Hinweis: Besuchen Sie El Raval während des Tages und sehen Sie von Spaziergängen durch das Viertel zur späten Nachtstunde ab. Immer wieder hört man hier von Fällen, dass Kriminelle nachts Touristen auflauern und ihnen ihr Bargeld und ihre Papiere stehlen. Tagsüber kommen solche Delikte kaum vor, trotzdem: Lassen Sie sich nicht von fremden Personen zu Unbedachtheiten verleiten. Am besten, Sie nehmen erst gar keine höheren Beträge Bargeld mit auf Ihren Spaziergang. Aber nun los!

Plaça de Catalunya ···≻
Carrer del Carme

Als Ausgangspunkt wählen wir die Metrostation der **Plaça de Catalunya** (···≻ c/d 3). Von hier aus gehen wir ein Stück weit auf der rechten Seite der Ramblas (dieser Abschnitt heißt Ramblas Canaletes) abwärts bis zur Ecke, wo nach rechts die kleine Gasse Carrer del Bonsuccés abbiegt. Dieser Gasse folgen wir, schon haben wir El Raval erreicht und spüren bald mehr und mehr: Dies ist ein volkstümliches Viertel mit regem, buntem Straßenleben, vielen kleinen Geschäften, einfachen Restaurants und Bars. Die Bausubstanz, teils wenig gepflegt oder recht verschlissen, stammt überwiegend aus dem 18. bzw. 19. Jh.

Wir kommen nun am **Convent del Bonsuccés** vorbei und erblicken gegenüber auf der linken Seite (C. d'en Xuclá Nr. 25) das kleine Geschäft La Portorriqueña. Es besteht seit 1902 und hält für seine vornehmlich intellektuellen Kunden eine erlesene Auswahl an anspruchsvollen Kaffeesorten bereit. Wir folgen weiter geradeaus auf der Carrer d'Elisabets. Rechts liegt bei der Nr. 6 das Gebäude der ehemaligen Kirche **Iglesia de Nuestra Señora de Misericordia** (von 1665), in dem heute eine Buchhandlung eingerichtet ist. Im benachbarten Gebäude ist ein Waisenhaus mit prächtigem Palmengarten untergebracht.

Am Ende der Gasse erkennen wir die Kirche **Convent dels Àngels**, rechts hebt sich ein avantgardistisch gestaltetes Doppelgebäude heraus, das **Centre de Cultura Contemporanea (CCCB)** und das **Museu d'Art Contemporani de Barcelona (MACBA** → S. 80). Wir aber biegen links in die Carrer dels Àngels ein. Zwei Lokalitäten sind hier hervorzuheben: bei der Nr. 8 Espai vidre, ein Geschäft für künstlerisch gestaltete Glasobjekte auf hohem Niveau; gleich daneben das Restaurant Silenus mit einer kuriosen, altertümlichen Inneneinrichtung, die an den Spätbarock des 18. Jh. erinnert.

Carrer del Carme ···≻ Rambla del Raval

Wir erreichen die Carrer del Carme, wenden uns nach links und gehen einige Meter am Antic Hospital de la Santa Creu entlang bis zum Platz Jardins del Doctor Fleming, einem der typischen Plätze des Viertels, wo nahezu immer buntes Treiben herrscht.

Spaziergänge

Die Gründung des **Hospitals Santa Creu** geht auf das Jahr 1410 zurück. Damals war diese karitative Institution das erste Großkrankenhaus des Abendlandes. Bis 1904 war in dem großen monumentalen Gebäude ein Krankenhaus untergebracht; heute ist in einem Teil des Gebäudes die Biblioteca de Catalunya ansässig.

Wir gehen an der Fleming-Büste (rechts am Rand der Plaça) vorbei und biegen dann in den Innenhof des Hospitals ein. Durch den sehenswerten Orangenhof erreichen wir die Pforte. Wir treten hinaus auf die Carrer del Hospital – eine der quirligsten Straßen des Viertels – und wenden uns nach rechts. Hier wird in besonderem Maße deutlich, dass viele Mitbürger aus Pakistan, anderen asiatischen Ländern oder aus Nordafrika in El Raval leben. Viele von ihnen sind gläubige Moslems. Bei der Hausnummer 89/91 liegt der Eingang zu einer Moschee. In der Nachbarschaft gibt es nicht wenige einfache Restaurants, die Spezialitäten aus Pakistan oder Nordafrika anbieten.

Das riesige Hospital Santa Creu diente fast 600 Jahre lang als Krankenhaus.

Rambla del Raval ⋯> Liceu

Nun ist die Rambla del Raval erreicht. Sie entstand erst kürzlich, nachdem hier zahlreiche baufällige Gebäude abgerissen wurden. Wir wenden uns nach links, gehen auf der Rambla bis zur Ecke San Pau und biegen in diese Straße links ein. Auch hier wieder das typische Milieu des Viertels: billige Bars und Imbisse für Anwohner mit geringem Einkommen, kleine Geschäfte für indische, pakistanische oder afroasiatische Spezialitäten; lebhaftes Treiben allerorten. Bei der Nr. 11 erreichen wir rechts das ehrwürdige **Hotel España** mit Restaurant und schönen Jugendstildekorationen. Gegenüber biegen wir in die Carrer de L'Arc de Sant Agustí ein.

Werfen wir noch einen Blick in die Bodega Vinos Selectos (rechts, Hausnummer 5) mit ihrem verstaubten, spleenigen, aber höchst volkstümlichen Flair. Dies ist ein beliebter Treffpunkt für Heimatlose, Gestrandete, Obdach- und Besitzlose aus dem Viertel, die sich hier im Schatten von alten Holzfässern und vergilbtem Plunder Mut und Frohsinn antrinken.

Schließlich ist die belebte **Plaça de Sant Agustí** erreicht. Linker Hand liegt das gepflegte Mittelklassehotel San Agustin (drei Sterne); rechts das Restaurant La Morera (So geschl.), das für seine preiswerten Hausmachergerichte geschätzt wird. Links neben dem Hotel San Agustin befindet sich das modern gestylte Terrassencafé Rita Blue. Nehmen wir noch ein Erfrischungsgetränk und betrachten das bunte Treiben auf der Plaça? Ob Ja oder Nein, von der Plaça biegt rechts die Carrer de L'Hospital ab, die direkt zurück zu den Ramblas bzw. zur Plaça de la Boquería führt. Von hier aus ist es nur ein Katzensprung zur Metrostation Liceu, wo unser Spaziergang beschlossen wird.

Ciutat Vella – Durch das historische Zentrum der Stadt

Charakteristik: Rundgang durch die Ciutat Vella, den Stadtkern mit seinen vielen mittelalterlichen Kirchen und Palästen; **Dauer:** ca. 3 Stunden; **Länge:** knapp 3 km; **Einkehrmöglichkeiten:** viele Bars und Restaurants überall in der Altstadt; **Karte:** ⤳ Umschlagkarte hinten

Den Ausgangspunkt für einen Altstadtrundgang bildet die Mitte der Ramblas beim Bodenmosaik Joan Mirós vor der **Opera Liceu** (⤳ Umschlagkarte hinten, c 4). Gegenüber zweigt die C. Cardenal Casañas zur hübschen Plaça del Pi ab, wo sich auch die im 14. Jh. erbaute einschiffige Bürgerkirche **Sta. María del Pi**, Herz des Geschäftsviertels der Altstadt, befindet.

Sta. María del Pi ⤳ Plaça St. Jaume

Wir betreten nach Überquerung der seitlich an die Kirche anschließenden **Plaça Oriol** mit ihren schönen Bäumen die C. Ave María und begeben uns hinüber zur C. dels Banys Nous. Ihre charakteristische Krümmung verdankt diese Straße der römischen Stadtmauer, die noch heute die Rückwand der jenseitigen Häuserzeile bildet. Wir verfolgen die C. dels Banys Nous einige Meter nach links und gehen dann rechts die Baixada de Sta. Eulalia hoch. Von ihr aus können wir einige Schritte nach rechts in die **Call** (das ehemalige jüdische Viertel) tun – oder auch nach links zur beschaulichen **Plaça Felipe Neri** mit hübschem Renaissancebrunnen und dem prächtig verzierten Haus der Schuhmachergilde (**Museu del Calçat**). Danach kehren wir wieder zurück und gehen die Baixada de Sta. Eulalia weiter auf die Catedral zu, die wir, wie viele Generationen vor uns, über den schönen hochgotischen Kreuzgang mit seinen Palmen betreten.

Die **Kathedrale** aus dem 14. Jh. ist ebenfalls gotisch, eine reizvolle Mischung nördlicher Stilformen und südlicher Lebendigkeit. Beim Verlassen durch das Hauptportal lohnt ein Abstecher nach links zur **Casa Ardiaca** mit ihrem wunderschönen Innenhof, einer Perle im spätgotischen Übergangsstil. An ihrem Portal findet sich Barcelonas schönster Briefkasten, entworfen vom Jugendstilarchitekten Domènech i Muntaner. Nach dem Verlassen des Hofs umrunden wir das gesamte Gebäude und durchschreiten das noch vollständig erhaltene größte römische Stadttor Barcelonas.

Wieder vor der Fassade der Catedral – sie entstand erst 1870, aber die Neugotik wirkt hier wie originär – geht es nun links weiter, zwischen Catedral und zwei alten Palästen vorbei, erst dem Museu Fréderic Marès, dann dem Palau del Lloctinent (ehemals Archiv der Krone von Aragón), bis wir links abwärts über die Plaça R. Berenguer den großen Hof des ehemaligen Königspalasts erreichen, die **Plaça Palau del Rei**. Er war, flankiert vom Palau del Lloctinent und der hochgotischen Capilla Sta. Agata, im Mittelalter königliche Residenz, nachdem die Grafen von Barcelona per Heirat mit der aragonesischen Erbin 1137 die Königswürde erlangten. Er birgt einen prachtvollen Festsaal, den Saló de Tinell, mit weit ausladenden Bögen. Auch dieser trotz seiner mächtigen Mauern schlanke, gut dimensionierte Palast fügt sich harmonisch ins Bild der Altstadt ein. Dies bewirkt auch die Überhöhung durch den gravitätischen Loggienturm nach toskanischem Vorbild, dem **Mirador del Rei Martí**; noch heute strahlt er viel Würde und Herrschaftlichkeit aus.

Wir verlassen den Palast über die C. Segovia und gehen dann die C. Llibreteria hinauf zur **Plaça St. Jaume**. Sie bildet heute das politische Zentrum der Stadt mit ihren beiden einander gegenüberliegenden großen Palastbauten. Rechts steht der **Palau de la Generalitat**, Sitz der Landesregierung, links das Rathaus, **Ayuntamient** genannt. Die klassizistische Fassade beider Gebäude verdeckt die Tatsache, dass sie innen vollständig gotisch erbaut und eingerichtet sind – und zwar im Stil des 15. Jh., aus dem die Mehrzahl aller großen Herrschaftsgebäude auf unserem Spaziergang stammen. Leider sind die beiden Gebäude nur an einem einzigen Tag im Jahr öffentlich zugänglich, am 23. April, dem Georgstag.

Plaça St. Jaume ···> Plaça del Teatre

Der zweite Teil unseres Spaziergangs führt uns zunächst ins mittelalterliche Residenzviertel. Links am Rathaus entlang, dann erneut links haltend erreichen wir die hübsche **Plaça St. Just i Pastor** mit gleichnamiger Kirche. Wir können nun entscheiden, welchen Weg wir nach rechts wählen, um über enge Gassen zwischen hohen wehrhaften Mauern mit Spitzbogenfenstern schließlich abwärts die C. Correu Vell zu erreichen. Die römischen Mauern an der **Plaça Traginers** (Fuhrmannsplatz) verraten: Hier erreichte die Stadt einst den Strand, hier lagen Umschlagplatz und Werft, einst auch die erste Poststation, und von hier gingen die Fuhrwerke ins Landesinnere ab. Wir folgen der C. Correu Vell entlang nach Westen, dann weiter die C. Regomir aufwärts, links die C. Sobradiel hinab und halb rechts die C. Escudellers hindurch, von wo aus man wieder direkt den Weg Richtung Ramblas nehmen kann. Alle diese Straßen befinden sich historisch betrachtet im einstigen römischen Villenviertel, später dem Viertel der Bürger, Handwerker und Klöster. Noch heute ist dies ein quirlig mediterranes Gewirr von Altstadtgassen.

Bevor wir jedoch die Ramblas erreichen, sollten wir noch rechts hoch zur **Plaça Reial** gehen. Sie entstand erst 1848 im Stil der Plaças Mayores, wie sie viele spanische Städte besitzen, und fügt sich harmonisch in die Altstadt ein, obwohl sie niemals Zentralplatz wurde. Ihre Bogengänge, die schönen Brunnen und das lebendige Kommen und Gehen laden zum Verweilen in einer der Terrassenbars ein. Von hier sind es nur wenige Schritte bis zu den Ramblas. Dort kommen wir an der **Plaça del Teatre** etwas unterhalb jenes Punktes an, von dem wir unseren Spaziergang begonnen haben.

Blick über die Plaça R. Berenguer auf das Barri Gòtic. Hier schlug einst das Herz der Stadt.

Ausflüge in die Umgebung

Montserrat – religiöse Mitte Kataloniens

Charakteristik: Der riesige Klosterkomplex steht für den Schönheitssinn und die Gläubigkeit der Katalanen. Auch die Felsenlandschaft der Umgebung ist sehenswert; **Anfahrt:** Das rund 60 km nordwestlich von Barcelona auf 750 m Höhe gelegene Kloster kann mit dem Auto (z. B. Autobahn bis Martorell, dann nordwärts Richtung Olesa/Manresa) oder mit dem Zug (Abfahrt Plaça Espanya, Linie R5) erreicht werden; **Informationszentrum Montserrat:** Tel. 9 38 35 02 01, Fax 9 38 35 06 59; **Einkehrmöglichkeiten:** Restaurant im Hotel Abad Cicneros (im Klosterkomplex); **Dauer:** Halbtages- oder Tagesausflug; **Karte:** ---> S. 115, b 2

Der Zug der Gesellschaft FGC fährt bis zur Station Aeri-Montserrat, wo einen die Seilbahn hinauf zum Kloster befördert (Infos: Tel. 9 32 05 15 15 bzw. www.fgc.catalunya.net). Inzwischen gibt es auch eine Zahnradbahn, die ab der Station Monistrol zum Kloster hinauffährt. Organisierte Busausflüge von Barcelona zum Montserrat-Kloster bieten mehrere Veranstalter an, etwa Juliá-Tours (Tel. 9 33 17 64 54 und 9 33 17 62 09, Fax 9 33 18 59 97; Abfahrt täglich 9.30 Uhr von der Ronda Universitat 5). Wandertouren im Montserrat-Gebirge bietet an: Wikinger-Reisen, Kölner Str. 20, 58135 Hagen; Tel. 0 23 31/90 46, Fax 90 47 40.

Der große **Klosterkomplex** liegt exponiert inmitten eines bizarren Gebirges. Das im 9. Jh. gegründete Benediktinerkloster wurde in der Folge mehrfach erweitert und während des Napoleonischen Krieges (1812) nahezu völlig zerstört. Mitte des 19. Jh. wurde die gesamte Anlage wieder aufgebaut. Verehrt wird hier die aus dem 12. Jh. stammende Schwarze Madonna **Mare de Deu del Montserrat**, von den Katalanen auch als La Moreneta (kleine Schwarze) bezeichnet, weil das Holz der Statue mit den Jahren stark gedunkelt ist. Die Figur soll

Inmitten bizarrer Felsen liegt der bedeutendste Wallfahrtsort Kataloniens, das Monestir de Montserrat. Jährlich besuchen 700 000 Pilger das berühmte Benediktinerkloster.

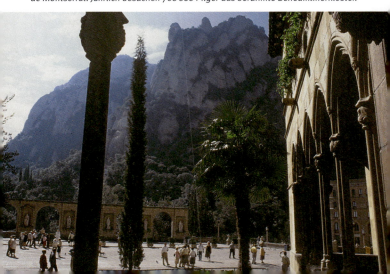

der Legende nach vom Apostel Lukas geschnitzt worden sein. Schon vor ihrer formellen Benennung zur Schutzpatronin Kataloniens wurde sie von der Bevölkerung als solche betrachtet. Zu den herausragenden Sehenswürdigkeiten zählen weiterhin ein romanisches Portal, die Reste eines doppelgeschossigen gotischen Kreuzgangs (15. Jh.), das Museum mit Gemälden aus dem 12. bis 20. Jh. (u. a. El Greco, Picasso, Dalí) sowie die großartige **Klosterbibliothek** mit 200 000 Bänden und fast 2000 historischen Handschriften. Täglich um 13 und 19.15 Uhr singen in der Basilika Chorknaben mehrstimmige Chorwerke der Literatur.

Das Felsmassiv des Montserrat weist bizarre Gesteinsformationen auf, die im Lauf der Zeit durch die Erosion gebildet wurden. So erklärt sich auch der Name Montserrat, was etwa so viel wie »gesägter Berg« bedeutet. Die höchste Erhebung erreicht hier 1235 m. Die Felslandschaft um das berühmte Kloster wird auch gern von Wanderern und Bergsteigern aufgesucht. Infos: www.montserrat.com.

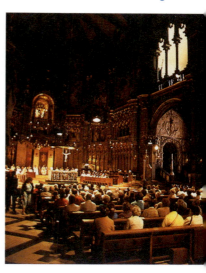

Die Klosterkirche Montserrat gehört zu den Hauptsehenswürdigkeiten Kataloniens.

Arenys de Mar – Costa Brava ganz beschaulich

Charakteristik: In dieser freundlichen Küstenortschaft hat ein eher beschauliches Ambiente überdauert; **Anfahrt:** mit dem PKW über die Autobahn Richtung Mataró und dann weiter auf der Küstenstraße (v. a. vor den Wochenenden herrscht hier starker Verkehr); bequemer ist die Eisenbahn: etwa alle 40 Minuten fährt ein Zug in Richtung Arenys de Mar; **Einkehrmöglichkeiten:** Restaurant Els Pescadors in der Fischbörse (Llotja de Peix) am Hafen; **Dauer:** Tagesausflug; **Karte:** ⤑ S. 115, C 2

Dieser Ausflug führt hinaus aus der Millionenstadt Barcelona zu einem kleinen Küstenort an der Costa Brava. Die rund 11 000 Einwohner zählende Ortschaft liegt knapp 50 km nordöstlich zu beiden Seiten der Rambla d'Arenys, eines ehemaligen Flussbetts, wo sich heute eine breite Allee mit mächtigen Platanen befindet. Ursprünglich wurde die Siedlung von den Römern gegründet, einen wesentlichen Entwicklungsschub als Hafenstadt erhielt Arenys de Mar schließlich im 15. Jh. Noch heute ist der **Fischerei- und Jachthafen** von großer Bedeutung. Unbedingt sehenswert ist der gepflegte historische Ortskern in dem ehemaligen Flussbett. Hier bekommt man auch die gezuckerten Mandeln, eine Spezialität von Arenys de Mar, sowie den ebenfalls typischen Kräuterlikör »Calisay«.

Was aber den Ausflug nach Arenys de Mar besonders lohnend macht, ist die Existenz des **Museu Marès de la Punta** (Carrer de l'Església 43; Di–Fr 18–20, Sa 11–13 und 18–20, So und Fei 11–14 Uhr). Es widmet sich der Tradition des Spitzenklöppelns, eines Handwerks, das einst in Arenys de Mar sehr verbreitet war.

Die Stadt Girona am Río Onyar wartet mit einem intakten mittelalterlichen Kern auf.

Girona – Geschichte, Gaumenfreuden und Gemütlichkeit

Charakteristik: Die gleichnamige Hauptstadt der Provinz Girona verfügt über eine gut konservierte Altstadt mit historischem Judenviertel und nicht wenigen prachtvollen Palastgebäuden. Auch das kulinarische Angebot kann sich sehen lassen; **Anfahrt:** Mit dem PKW über die Autobahn, die in Richtung französische Grenze führt. Rund um Girona herrscht allerdings oft starker Verkehr; auch die Suche nach einem Parkplatz in der Stadt kann Nerven und Zeit kosten. Weit bequemer ist die Anreise per Zug. Pro Tag gibt es ab Barcelona mehrere Zugverbindungen nach Girona; **Touristeninformation:** Rambla de la Llibertat 1 (am Eingang zur Altstadt), Tel. 9 72 22 65 75, Fax 9 72 22 66 12; **Einkehrmöglichkeiten:** mehrere in der Altstadt, beispielsweise Restaurante Cal Ros, Cort Reial 9; **Dauer:** Tagesausflug; **Karte:** ⇢ S. 115, c 2

Anders als die Millionenstadt Barcelona geht es in der Verwaltungs-, Universitäts- und Einkaufsstadt Girona mit ihren rund 75 000 Einwohnern eher gemütlich und beschaulich zu. Während die Neustadt außer zahllosen Geschäften wenig Attraktives zu bieten hat, erlebt der Besucher die über dem Río Onyar auf einem Hügel gelegene **Altstadt** als ein kompaktes und sehr ansehnliches Ensemble von historischen Prachtbauten. Weite Teile der mittelalterlichen Stadtmauer sind erhalten. Ein lohnender Spaziergang, **Passeig de la Muralla** genannt, führt an der historischen Stadtmauer entlang und ist ausgeschildert. Diese Route, die teilweise über die Mauerkrone führt, ist nur zwischen 8 und 22 Uhr erlebbar; vorher und nachher sind die Zugangstore geschlossen.

Im Zentrum des Gassengewirrs der Altstadt erhebt sich die Kathedrale aus der Zeit zwischen dem 14. und 16. Jh. Angeschlossen und direkt zugänglich aus dem Innern der Kathedrale ist das **Museu Capitular de la Catedral** (Plaça de la Cadredral;

Sommer tgl. 10–14 und 16–19, Fei 10–14 Uhr, Winter Di–So 10–14 und 16–18, Fei 10–14 Uhr; Eintritt 3 €). Es beherbergt neben Skulpturen, Devotionalien, Kirchenschmuck und Gemälden eine herausragend interessante Kostbarkeit: einen gut erhaltenen **Schöpfungsteppich** (»Tapís de la Creació«) aus dem 12. Jh. Die farbenprächtigen Seidenstickereien auf Leinen illustrieren auf ebenso naive wie expressive Art diverse Szenen der Schöpfungsgeschichte. Der viel bestaunte Wandteppich gilt als bedeutendstes Werk der romanischen Textilkunst in ganz Katalonien.

Die mittelalterliche Geschichte der Stadt ist stark mit der jüdischen Gemeinde Gironas verbunden. Von ca. 1160 bis 1492 (dem Jahr der Vertreibung der Juden aus Spanien) konzentrierte sich die jüdische Gemeinde im Judenviertel **El Call Jueu** im Herzen der Altstadt. Dies dokumentiert sehr informativ das in der Carrer Sant Llorenç s/n gelegene **Museu d'Historia dels Jueus** (Mai–Okt. Mo–Sa 10–20, So, Fei 10–15 Uhr, Nov.–April Mo–Sa 10–18, So, Fei 10–15 Uhr; Eintritt 2 €). Ausgestellt sind hier Grabsteine des ehemaligen jüdischen Friedhofs, Dokumente erläutern die Bestattungsriten und das religiöse Leben der seinerzeitigen jüdischen Gemeinde in Girona. Kaum eine andere Stadt in Katalonien kann mit einer ähnlich engagierten Ausstellung zur Geschichte der jüdischen Bevölkerung aufwarten.

Wer sich nach gemütlichem Schlendern durch die Altstadt mit einer kulinarischen Annehmlichkeit belohnen möchte, sollte das Restaurant **Cal Ros** (Cort Reial 9, Tel. 9 72 21 73 79, So abends und Mo geschl. ●●) aufsuchen. Es verwöhnt den Gast mit gediegenen, kreativ komponierten katalanischen Traditionsgerichten. Auch die zentrale Lage unter Arkaden in der Altstadt, die gepflegte Atmosphäre und der zuvorkommende Service sprechen für diesen seit Jahren verlässlichen Restaurant-Klassiker.

Die Costa Brava – von Tossa de Mar nach Palafrugell

Charakteristik: Felsenküsten, Sandstrände, Fischrestaurants und kulturhistorische Sehenswürdigkeiten machen das touristische Profil dieses Abschnitts der Costa Brava aus; **Anfahrt:** per PKW nordostwärts über die parallel zur Küste verlaufende Autobahn zunächst in Richtung Mataró und Calella bis zum Ende der Autobahn nahe der Küstenortschaft Blanes. Auf der Küstenstraße an Blanes und Lloret de Mar vorbei bis Tossa de Mar; **Informationszentrum Tossa de Mar:** Av. del Pelegrí 25 (Edifici Lau Nau nahe dem Busbahnhof); Tel. 9 72 34 01 08; www.tossademar.com; **Einkehrmöglichkeiten:** im Hafenbereich von Palamós; sehr empfehlenswert in der Altstadt von Palamós ist das Restaurante El Xivarri (C. de la Roda 24, Tel. 9 72 31 56 16); **Dauer:** Tagesausflug – oder wer genügend Zeit mitbringt auch als Zweitagesausflug; **Karte:** → S. 115, d 2

Tossa de Mar mit seinen rund 4000 Einwohnern ist ein verbildlich restaurierter Badeort mit schönem Sandstrand. Anfang des 20. Jh. erholten sich hier vor allem Künstler, Maler und Schriftsteller. Wer heute aus dem Dauerbetrieb Barcelonas flieht, um sich ein oder zwei beschauliche Tage an der Costa Brava zu gönnen, sollte möglichst zwischen Montag und Freitag nach Tossa de Mar kommen. An Sommerwochenenden sowie in den Monaten Juli und August herrscht auch hier steter Rummel.

Wirklich sehenswert ist die Oberstadt (Villa Vela) mit ihren wuchtigen Häusern und Türmen – ein prächtiges Beispiel mittelalterlicher Befestigungsarchitektur. Nicht wenige Bars und Restaurants haben sich in diesen Mauern niedergelassen. Ansonsten bietet der kleine Ort Tossa ein klassisches Seebad-Ambiente, das man am besten erlebt, wenn man sich einen Spaziergang auf der Strandpromenade gönnt. Auch ein Bad im Meer und eine Erholungspause am Strand von Tossa können eine willkommene Abwechslung sein.

Die extrem kurvenreiche Straße von Tossa de Mar nach Sant Feliu de Guíxols zählt zu den landschaftlich reizvollsten Routen entlang der südlichen und mittleren Costa Brava. Sie schlängelt sich durch Korkwälder und dichtes Buschland. Immer wieder genießt man fabelhafte Blicke auf das Meer, die kleinen Felsenbuchten und die wild zerklüftete Küste. Es empfiehlt sich, hier langsam zu fahren und auch da und dort anzuhalten, um diese klassischen Costa-Brava-Blicke in vollen Zügen zu genießen.

Schließlich **Sant Feliu de Guíxols**, ein nicht gerade von Hetze getriebenes Kleinstädtchen (17 000 Einwohner). Im 19. Jh. wurde im hiesigen Hafen der im Hinterland geerntete Kork in alle Himmelsrichtungen verschifft. Dieser Wirtschaftszweig ist heute unbedeutend. In Sant Feliu waltet dagegen während der Saison ein gelinder Tourismus, aber Rummel kommt hier auch im Hochsommer so gut wie nie auf.

Die interessanteste Lokalität am Ortsrand ist das in einem Seitengebäude eines Klosters untergebrachte **Museu d'Història de la Ciutat** (C. Abadia s/n; Okt.–Mai Di–So 11–14 und 16–19, Juni–Sept. Di–So 11–14 und 17–20 Uhr; Eintritt frei). Vorgestellt werden hier Originalgegenstände (Kacheln, Keramik, Glasgefäße etc.) aus der Geschichte der Ortschaft und der Umgebung, darunter auch Werkzeuge und Instrumente zur Verarbeitung von Korkrinde zu Flaschenkorken sowie kunstgewerbliche Objekte aus Naturkork.

Weiter nordostwärts bringt uns die Küstenstraße an den Seebädern S'Agaró und Platja d'Aro vorbei zur Küstenstadt **Palamós**. Man bemerkt hier sogleich die Bedeutung des Fischereihafens und der entsprechenden Transportaktivitäten. Nahebei und parallel zum mehrere Kilometer langen Sandstrand haben sich – dafür ist die Ortschaft bekannt – nicht wenige Restaurants niedergelassen, die auf Meeresfrüchte und Fischgerichte spezialisiert sind. Vornehmlich wegen dieser kulinarischen Verlockungen kommen viele Urlauber heute nach Palamós.

Nicht mehr an der Küste, sondern schon im Hinterland liegt die Verwaltungs- und Einkaufsstadt **Palafrugell** (18 000 Einwohner). Kunsthistorische Stätten sind hier kaum zu bestaunen, aber dafür hat die Ortschaft über weite Strecken ihren volkstümlichen Charakter bewahrt. In besonderem Maße zeugt davon der viel besuchte Bauernmarkt an jedem Sonntagvormittag. Er findet im Bereich der Carrer del Pi i Maragall und Umgebung statt und ist nicht zu verfehlen. Obst, Gemüse, Fleisch, vielerlei Delikatessen, auch Kleintiere und Textilien werden im Getümmel zwischen den Marktständen angepriesen.

Unbedingt lohnend ist auch ein Besuch im Korkmuseum **Museu del Suro** (Juni–Sept. tgl. 10–14 und 16–22, September bis Juni Di–Sa 17–20, So 10.30–13.30 Uhr, Eintritt 2 €) in der Carrer de la Taronqueta 31. Zu sehen ist hier eine ausführliche und hintergründige Dokumentation zur Geschichte der Korkverwertung in der Region. Vor allem zwischen den Jahren 1897 und 1936 war der Anbau und die Verarbeitung von Korkrinde ein bedeutender Wirtschaftszweig in der Gegend von Palafrugell. Im angeschlossenen Shop können diverse handwerklich gefertigte Objekte aus Kork erworben werden.

Von Palafrugell aus folgen wir den Hinweisschildern Richtung La Bispal d'Epordà und dann weiter Richtung Provinzhauptstadt Girona (→ S. 106). Dort erreichen wir die Autobahn und kehren auf ihr in südlicher Richtung nach Barcelona zurück.

Figueres – Kleinstadt mit großem Dalí-Erbe

Charakteristik: Seit vielen Jahren ist das Dalí-Museum die bedeutendste touristische Lokalität der Stadt. Aber auch andere Museen und eine interessante Festungsanlage zählen zu den Attraktionen von Figueres; **Anfahrt:** Die etwas mehr als 100 km nordöstlich von Barcelona gelegene Kleinstadt (ca. 35 000 Einwohner) ist zwar per PKW auf der Autobahn in Richtung französische Grenze zu erreichen, weit bequemer ist allerdings eine Anreise per Zug. Ab Barcelona verkehren täglich Schnell- und Regionalzüge bis Figueres, im Spanischen Figueras genannt; **Touristeninformation:** Plaça del Sol s/n, Tel. 9 72 50 31 55, Fax 9 72 67 31 66; **Einkehrmöglichkeiten:** Restaurante Antaviana, C. de Llers 7 (gegenüber dem Dalí-Museum gelegen; So und Mo abends geschl. ●●); **Dauer:** Tagesausflug; **Karte:** ⟶ S. 115, c 1

Dalí, Dalí, Dalí heißt der touristische Grundakkord in diesem Kleinstädtchen, der Metropole der Kulturlandschaft Empordà, an der nordwärts in Richtung Frankreich führenden Autobahn. Am 11. Mai 1904 wurde der berühmte surrealistische Künstler in Figueres als Sohn eines Notars geboren. Dem weltbekannten Bürger der Stadt wurde in dem ehemaligen, 1850 erbauten Theater ein Museum gewidmet, das zu den am meisten besuchten in ganz Katalonien gehört. Noch zu Lebzeiten hat Salvador Dalí den Umbau des Theaters zu einem großen Kunstmuseum selbst konzipiert und maßgeblich bestimmt. Das rund ums Jahr von vielen Besuchern erfüllte **Teatre-Museu Dalí** befindet sich an der Plaça Gala i Salvador Dalí 5 (Juli–Sept. tgl. 9–19.45, Okt.–Juni Di–So 10.30–17.45 Uhr; Eintritt 10 €; Infos Tel. 9 72 67 75 09; www.dali-estate.org bzw. www.salvador-dali.org).

Schon das Äußere des Museums weist mit diversen skurrilen Skulpturen und Dekorationen (stilisierte Brote oder riesige Eier) auf die Symbolsprache des großen Meisters. Im Innern sind auf mehreren Etagen und in mehreren großen Sälen viele der prominenten Gemälde Dalís zu betrachten. Neben einem riesigen Deckenbild sowie Selbstbildnissen und

Das Teatre-Museu Dalí, der skurrile Besuchermagnet des Landstädtchens Figueres.

Porträts seiner Ehefrau und Muse Gala sind hier auch das Werk mit den zerfließenden Uhren oder das ebenfalls viel bestaunte Bild mit einer erotischen Fantasie an der bizarren katalanischen Felsenküste zu finden. Zudem unterstreichen diverse Installationen und Skulpturen die exzentrische Ästhetik Dalís. Als Beispiel dafür steht im Innenhof ein leibhaftiger schwarzer Oldtimer, der von einer üppigen Frauenfigur beherrscht wird.

Zeit und Muße sollte man sich – trotz des stets regen Betriebs im Museum – insbesondere für die Gemälde des Meisters nehmen. Erst nach besinnlicher und aufmerksamer Betrachtung erschließt sich allmählich die handwerkliche Meisterschaft und die symbolgeladene Formensprache des großen Sohns der Stadt Figueres. Auch ausgefallene Goldschmiedearbeiten Dalís sind hier zu sehen.

Rings um das Museum haben sich nicht wenige Geschäfte etabliert, die mit Kitsch-, Souvenir- und Kultgegenständen rund um das Thema Dalí handeln. Von hier aus ist es zu Fuß nicht sonderlich weit bis zum **Spielwarenmuseum** (Museu del Joguet, Juni–Sept. Mo–Sa 10–13 und 16–19,

Gute Stube oder das Gesicht einer Frau? Begehbares Vexierbild im Dalí-Museum.

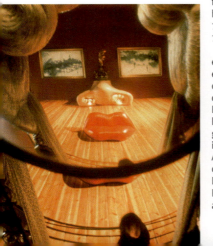

So, Fei 11–13.30 und 17–19.30, Okt.–Mai Di–Sa 10–13 und 16–19, So, Fei 11–13.30 Uhr) in der C. Sant Pere 1. Präsentiert werden hier rund 3500 Originalstücke aus der Geschichte der Spielzeugherstellung; auch Spielwaren von Prominenten wie etwa Salvador Dalí, Joan Miró oder Federico García Lorca sind darunter.

Ganz in der Nähe (Rambla 2) liegt das von den meisten Touristen nicht sonderlich beachtete **Museu de l'Empordá** (Di–Sa 11–19, So, Fei 10–14 Uhr), das viele interessante Objekte aus der Geschichte der Kulturlandschaft Empordà vorstellt. Dazu zählen antike Funde ebenso wie Steinreliefs, Skulpturen, Gemälde, festliche Trachten, Keramik und Holzstatuen. Eine eigene Abteilung zeigt auch einige zwischen 1948 und 1953 entstandene Werke des berühmten katalanischen Künstlers Antoni Tàpies Puig.

Nordwestlich des Stadtzentrums liegt die weitläufige monumentale Festungsanlage **Castell de Sant Ferran**, die Ende des 18. Jh. als Bollwerk gegen die Franzosen gebaut wurde. Auch wer sich nicht unbedingt stark für Militärgeschichte interessiert, wird das Ambiente dieses riesigen Bauwerks als faszinierend erleben. Zum Komplex zählt auch ein großer Gewölbekeller, in dem das seinerzeitige Militär bis zu 500 Pferde bereithalten konnte (Juli–Mitte Sept. tgl. 10.30–20, Mitte Sept.–Juni Di–So 10.30–14 Uhr).

Ganz zum Schluss lohnt es noch, einen Blick in das Restaurant des altehrwürdigen **Hotels Durán** (C. Lasauca 5, Tel. 9 72 59 12 50) zu werfen. An den Wänden finden sich hier einige Bilder und Grafiken von Salvador Dalí, mit denen er einst seine Rechnungen im Durán, seinem Lieblingslokal in der Stadt, beglichen haben soll. Auch die Sammlung von antiken Kacheln im Restaurant ist sehenswert. Die kulinarischen Leistungen des Restaurants erweisen sich dagegen als eher durchschnittlich.

Vilafranca del Penedès – Wein als Lebenselixier

Charakteristik: Katalonien wie es leibt und lebt. Stets ist der Sinn für ein gepflegtes Glas Wein oder Cava als Teil der Alltagskultur spürbar; **Anfahrt:** Es empfiehlt sich – obwohl der Ort auch über die Autobahn einfach zu erreichen ist – die Anreise mit dem Zug (ab Bahnhof Sants, Linie 4 Manresa–St. Vicenç). So können Sie sich bedenkenlos der einen oder anderen Weinprobe hingeben; **Einkehrmöglichkeiten:** Restaurant Cal Joanet, Carrer Comerç 25 (nahe der Plaça Jaume I); **Dauer:** Halbtages- oder Tagesausflug; **Karte:** ⟶ S. 115, b 3

Die Ortschaft Vilafranca mit ihren etwa 25 000 Einwohnern gilt heute als Hauptstadt der bekanntesten Weinbauregion Kataloniens namens **L'Alt Penedès** und war bereits im Mittelalter eine bedeutende Stadt. Aus dieser Zeit haben ein stattlicher **Königspalast** (13. Jh.), die Kirche **Santa María** (15. Jh.) und einige andere Gebäudekomplexe überdauert.

Der noch nicht überlaufene Ort besitzt ein quirliges Einkaufszentrum mit Gassen, Arkaden, schönen Plätzen und Terrassencafés. Lohnend ist der Besuch von Vilafranca aber vor allem für Besucher, die sich mit der Geschichte des Weinbaus in der Region beschäftigen möchten.

Wer vor dem Genuss etwas über den Weinbau erfahren möchte, besuche das örtliche **Museu del Vi**, das sich – didaktisch sehr lebendig aufbereitet – diesem Thema widmet. Zu sehen sind Originalobjekte aus der Weinkultur von der Antike bis zur Gegenwart. Angeschlossen sind auch Sammlungen zur Archäologie, Geologie und Ornithologie. Im Museum können auch einige Weine verkostet werden (Pl. Jaume I; Tel. 9 38 90 05 82; Di–Sa 10–14 und 16–19, So 10–14 Uhr; Eintritt 2,50 €).

Die mittelalterliche Kathedrale im Weinort Vilafranca del Penedès.

Die modernste und in vielerlei Hinsicht führende Bodega der Region ist das Unternehmen **Miguel Torres S. A.**, das in der Umgebung eine stattliche Zahl unterschiedlicher Rebsorten anbaut und Weine in viele Länder der Erde liefert. Die große Kellerei kann nach vorheriger Anmeldung besichtigt werden (Kontakt: M. Torres S. A.; Comercio 22; Tel. 9 38 17 74 00, Fax 9 38 17 74 44).

In der Umgebung von Vilafranca del Penedès befinden sich zahlreiche Unternehmen, die auf die Herstellung von Schaumweinen (Cavas, → MERIAN-Spezial, S. 30) spezialisiert sind. Als eigentliche Metropole der Cava-Herstellung gilt allerdings die etwa 12 km nordöstlich von Vilafranca del Penedès gelegene Stadt **Sant Sadurní d'Anoia**.

Tarragona – das katalanische Rom

Charakteristik: Die Provinzmetropole mit der römischen Vergangenheit steht wegen der hiesigen Gemütlichkeit im krassen Gegensatz zum großen Nachbarn Barcelona; **Anfahrt:** per Zug ab dem Bahnhof Sants (mehr als 25 Verbindungen pro Tag; Dauer gut eine Stunde; Hin- und Rückfahrt ca. 16 €) oder per Barcelona Bus Turistic, 48 € (inkl. Museumsbesuche); Buchung in lokalen Reisebüros oder bei den Busunternehmen Sarfa und Alsa (Fahrt tgl. außer Mo 8.30 Uhr ab Pl. de Catalunya); **Oficina de Turismo:** Fortuny 4, 43001 Tarragona; Tel. 9 77 23 34 15, 9 77 25 07 95; **Oficina del Patronato:** C. Major 39 (in der Altstadt nahe der Kathedrale); Tel. 9 77 24 19 35; **Einkehrmöglichkeiten:** Restaurant Segle XIII (→ S. 115); **Dauer:** Tagesausflug; **Karte:** ⤳ S. 115, a 3 und S. 113

Tarragona war in römischer Zeit unter dem Namen »Tarraco« ein bedeutendes Wirtschafts- und Verwaltungszentrum. Von Cäsar in den Stand einer Stadt (Colonia Julia Urbs Triumphalis Tarraconensis) erhoben und von Augustus (27 v. Chr.) gar zur Hauptstadt der Provinz Hispania Citerior gekürt, verfügt die Hafenstadt über eine mediterrane Atmosphäre und vielerlei interessante Hinterlassenschaften aus historischer Zeit. Von Barcelona aus erreicht man Tarragona in einer guten Stunde mit dem Zug, die Fahrt führt an der Küste entlang und beschert herrliche Aussichten.

An die römische Vergangenheit erinnern hochinteressante Einzelstücke in den Museen Tarragonas sowie einige grandiose Bauwerke vor den Toren der Stadt. Sehr zu empfehlen ist ein Spaziergang durch die Altstadt, die sich – umschlossen von einer wuchtigen Mauer – als dicht ineinander gedrängtes Siedlungsensemble zu Füßen der hochaufstrebenden Kathedrale befindet. Dunkle Arkaden, enge, nicht gerade vom Wohlstand gezeichnete Gassen, Plätze, wo im Licht des Vormittags die Rentner flanieren, die Kanarienvögel in den Käfigen jubilieren und die Hunde im Schatten der Bäume dösen. Dazwischen immer wieder kleine Gemischtwarenläden, bei denen sich Schaufensterdekoration und Einrichtung von anno dazumal standhaft gegen jeden Modernisierungsversuch zur Wehr gesetzt haben.

Von der Hektik der einst bedeutenden Hafenstadt, der ältesten Stadt Kataloniens, ist heute in Tarragonas Altstadt wenig zu spüren.

Ausflüge

Selbst auf der **Rambla Nova**, der Hauptstraße der Stadt (··➔ S. 113, a 2/3), zeigt sich Tarragona bar jeder Eleganz, Prunksucht oder übertriebenen Geschäftigkeit. Von Reichtum und wirtschaftlichem Aufbruch kann hier schon seit langem keine Rede mehr sein. Tarragona, welch ein Kontrast zu Barcelona! Als habe man sich hier unter der mediterranen Sonne vollkommen anderen Werten verschrieben: Gemächlichkeit, Gemütlichkeit und einer rechtschaffen mittelständischen Existenz ohne Streben nach Spektakeln, modischem Glanz und luxuriöser Herrlichkeit. Im Dezember 2000 wurde die Altstadt von Tarragona von der UNESCO zum Weltkulturerbe erklärt.

Das römische **Amphitheater**, in Verlängerung der Rambla Vella nahe der Aussichtsplattform Balcó del Mediterrani gelegen (··➔ S. 113, b 3), wurde zu Beginn des 2. Jh. n. Chr. errichtet. Es zeigt die typisch elliptische Form und fasste bis zu 15 000 Zuschauer. Ein Teil der Sitzreihen ist in den Hügel gemeißelt, auch mehrere Eingangstore sind zu erkennen. In der Mitte des Theaters sind noch die Reste einer Basilika und einer romanischen Kirche erhalten geblieben, die im 6. und 12. Jh. aus den Steinen des Amphitheaters errichtet worden waren.

Die monumentale Bischofskirche, die **Catedral** (··➔ S. 113, b 1), zu der von der Carrer Major aus eine Treppe hinaufführt, erhebt sich an

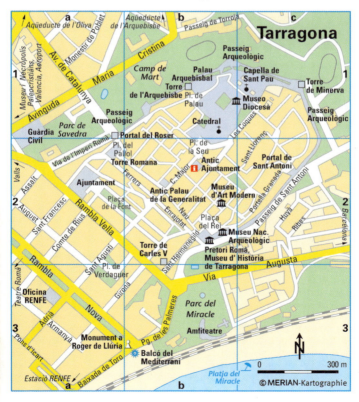

Das Museu Nacional Arqueològic in Tarragona zeigt wertvolle römische Skulpturen und Plastiken.

der Stelle, wo sich bereits in römischer Zeit ein Jupitertempel und während der Epoche der Mauren eine Moschee befunden hat. Der Grundstein für die romanisch-gotische Kathedrale wurde im 12. Jh. gelegt, geweiht wurde sie 1331. Die mächtige Hauptfassade zeigt vornehmlich romanische Elemente. Zu den bemerkenswertesten Kostbarkeiten im Innern gehören der Hauptaltar der Santa Tecla, der Schutzpatronin Tarragonas, mit einem von Pere Joan um 1430 aus farbig bemaltem Alabaster geschaffenen Altaraufsatz sowie das Grabmal des Erzbischofs Joan d'Aragó (14. Jh.).

Sehenswert ist auch der größtenteils aus dem frühen 13. Jh. stammende Kreuzgang, der zahlreiche aus weißem Marmor gearbeitete Kapitelle aufweist, an denen man wunderschöne Reliefs mit Fabelwesen und fantastischen Figuren, christlichen Legenden und Anekdoten sowie mit pflanzlichen, humoristischen und ornamentalen Motiven erkennt. Ein Kapitell in der Südgalerie zeigt gar eine Prozession von Ratten, die eine tote Katze auf einer Bahre zu Grabe tragen. Dem Kreuzgang ist auch das Diözesanmuseum angeschlossen, in dem religiöse Kunstwerke und mehrere Bildteppiche katalanischer oder flämischer Herkunft besichtigt werden können.

Der **Passeig Arquelògic** (Archäologische Promenade, ⤑ S. 113, ac 1) führt an der alten Stadtmauer entlang. Der Eingang liegt am nördlichen Ende der Mauer in der Nachbarschaft des Portal del Roser. Etwa 1000 m der ursprünglich 4000 m langen Befestigungsmauer sind gut erhalten. Der Verteidigungsgürtel, 12 m hoch und an einigen Stellen bis zu 6 m breit, hat ein Fundament aus iberischer Zeit (etwa 6. Jh. v. Chr.), die aufgesetzten Quadersteine des Mauerrings stammen wohl aus dem 3. Jh. v. Chr. Von der Mauer bietet sich ein interessanter Blick über die Altstadt und die Umgebung von Tarragona.

Das **Museum der Stadtgeschichte** (Museu d'Història de Tarragona, ⤑ S. 113, b 2), untergebracht im Prätorium (auch Pilatus-Turm genannt), zeigt bedeutende Funde aus der Römerzeit und dem Mittelalter. Herausragend: der 1948 im Meer gefundene Sarkophag des Hippolyt, diverse Mosaiken, Marmorbüsten von römischen Kaisern und verschiedene Inschriften. Im Kellergeschoss ist ein langer Gang mit Tonnengewölben (Teil des römischen Circus) zu besichtigen (Escales de Sant Hermenegild; Sommer Di–Sa 10–13 und 17–20, So 10–14; Winter Di–Sa 10–13 und 16.30–19.30, So 10–14 Uhr; Eintritt 2 €).

Das **Archäologische Nationalmuseum** (Museu Nacional Arquelògic, ⤑ S. 113, b 2) hat seinen Sitz in einem an das Prätorium angelehnten Neubau und zeigt rund 25 000 Ausstellungsstücke aus römischer Zeit, als Tarragona noch Tarraco hieß. Zur

Sammlung zählen beeindruckende Bodenmosaiken aus römischen Villen, römische Skulpturen, Marmorsarkophage, Münzen und Altarsteine (Pl. del Rei s/n; im Sommer 10–20, Fei 10–14 Uhr, im Winter 10–13.30 und 16–19, Fei 10–14 Uhr; Eintritt 2,40 €).

Zuletzt noch ein Restaurant-Tipp: Das **Segle XIII** ist in einem liebevoll restaurierten Stall in der Altstadt nahe der Kathedrale untergebracht. Der freundliche Familienbetrieb serviert katalanische Hausmannskost: »Caracoles a la llauna«, »Escarola con Romesco y Bacalao«, »Espinacas a la Catalana«, »Conejo con caracoles« (Plaça Ripoll 6; Tel. 9 77 21 43 86; tgl. 13–16.30 und ab 21 Uhr).

Wissenswertes über Barcelona

Der Drache Python im Parc Güell: Der griechischen Sage nach ist er der Wächter unterirdischer Gewässer.

Nützliche Informationen, Reiseknigge, Sprachführer, praktische Tipps und vieles mehr, was Sie für Ihren Urlaub in Barcelona wissen sollten, finden Sie hier – von A bis Z.

Jahreszahlen und Fakten im Überblick

4. Jh. v. Chr.
Griechen gründen an der heutigen katalanischen Küste mehrere Siedlungen, darunter das heutige Empúries und Roses.

3. Jh. v. Chr. – 3. Jh. n. Chr.
Zeit der römischen Herrschaft. Sie teilen die Iberische Halbinsel in die Provinzen Hispania Ulterior und Hispania Citerior; Hauptstadt der Letzteren wird Tarragona. Gegen Ende des 1. Jh. v. Chr. entsteht die römische Kolonie Barcino, das heutige Barcelona. Römisches Recht, Münzwesen und die lateinische Sprache werden verbreitet.

5. Jh.
Einwanderung der Westgoten.

8. Jh.
Katalonien wird zu Beginn dieses Jahrhunderts von den Mauren (Muslimen aus Nordafrika) erobert.

801
Ludwig der Fromme, Sohn Karls des Großen, erobert für die Franken Barcelona und macht die Stadt zur Hauptstadt der Spanischen Mark. Es entstehen verschiedene katalanische Grafschaften, die sich mehr und mehr zusammenschließen.

985
Der maurische Heerführer Almanzor erobert Barcelona. Große Teile der Stadt werden dabei zerstört.

1137
Der katalanische Graf Ramon Berenguer IV. heiratet die aragonische Thronerbin Petronila. Dadurch entsteht die katalanisch-aragonische Konföderation. Die Herrscher führen fortan die Titel Könige von Aragón und Grafen von Barcelona. Hauptstadt wird Barcelona.

1213–1276
In der Regierungszeit von Jaume I. beginnt die erfolgreiche wirtschaftliche Expansion Kataloniens. Valencia, Menorca und Mallorca werden von den Mauren zurückerobert, Sizilien, Sardinien und Korsika in das katalanische Seereich eingegliedert. Im 14. Jh. breitet sich die Macht der katalanisch-aragonischen Krone über weite Teile des westlichen Mittelmeers aus.

1469
Der aragonesische Thronerbe Fernando II. heiratet die kastilische Thronerbin Isabella I. Durch den Zusammenschluss der Herrscherhäuser geht die Bedeutung Kataloniens zurück.

1701–1714
Im Spanischen Erbfolgekrieg unterstützt Katalonien die Habsburger, die späteren Verlierer. 1714 ergibt sich Barcelona nach dreimonatiger Belagerung den Truppen von Felipe V., dem ersten Bourbonen auf Spaniens Thron. Der 11. Sept., Tag der Kapitulation, wird zum Nationalfeiertag.

1716
Unter der Bourbonenherrschaft verliert Katalonien die Selbstverwaltung und alle Sonderrechte zu Gunsten eines straff organisierten Zentralstaats.

Zweite Hälfte des 18. Jh.
1741 entsteht in Barcelona die erste neue Textilmanufaktur. In der Folge erstarkt die katalanische Baumwoll-, Woll- und Seidenindustrie. In Barcelona beschäftigt sie 1779 bereits rund 20 000 Arbeiter. Ende des 18. Jh. gibt es schon etwa 2000 Spinnereien, die etwa 100 000 Familien ernähren.

1818
Spaniens erste Postkutschenverbindung wird zwischen Barcelona und Reus eingerichtet.

Geschichte

1848
Die erste Eisenbahnlinie Spaniens wird eröffnet. Sie verbindet Barcelona mit Mataró.

Mitte des 19. Jh.
Barcelona wird größte Industriestadt Spaniens. Das katalanische Nationalbewusstsein erfährt ein Aufleben in der so genannten Renaixença (Erneuerung).

Zweite Hälfte des 19. Jh.
Wirtschaftliche Blüte. Das goldene Zeitalter des katalanischen Großbürgertums. Es findet seinen künstlerischen Ausdruck im so genannten Modernisme, dem katalanischen Jugendstil. Der Architekt Antoni Gaudí wird zum prominentesten Baumeister des Modernisme. 1888 findet die erste Weltausstellung in Barcelona statt. 1892 wird eine Regionalverfassung (Bases de Manresa) für Katalonien verabschiedet.

1914–1925
Die vier katalanischen Provinzen schließen sich zur Mancomunitat de Catalunya zusammen und fördern die gemeinsame Infrastruktur vor allem auf kulturellem Gebiet. 1925 schafft der Diktator Primo de Rivera die Mancomunitat, die zu einer Stärkung des Katalanismus führt, ab.

1929
In Barcelona findet zum zweiten Mal die Weltausstellung statt.

1931
Am 14. April ruft Francesc Macià in Barcelona die Katalanische Republik aus, die nur wenige Tage Bestand hat. 1932 tritt ein katalanischer Autonomiestatus in Kraft.

1936–1939
Spanischer Bürgerkrieg. Ende Januar 1939 wird Barcelona von den Franco-Truppen besetzt, das Autonomiestatut wird außer Kraft gesetzt. Etwa eine halbe Million Katalanen sowie die katalanische Regierung fliehen ins Exil. Verbot des Katalanismus während der gesamten Epoche der Franco-Diktatur.

1939–1945
Während des Zweiten Weltkrieges bleibt Spanien neutral.

1939–1975
Die Epoche der Diktatur unter dem Caudillo Francisco Franco.

1955
Spanien wird Mitglied der UNO und drei Jahre später Mitglied des Internationalen Währungsfonds.

1979
Das spanische Parlament verabschiedet ein durch eine Volksabstimmung in Katalonien bestätigtes Autonomiestatut für Katalonien.

1986
Spanien wird Mitglied der Europäischen Union.

1992
XXV. Olympische Sommerspiele in Barcelona.

1999
Im Oktober wird die durch einen Brand 1994 zerstörte Oper Liceu wieder eröffnet.

2003
Das viel besuchte Picasso-Museum wird um zwei weitere Paläste erweitert.

2004
Forum der Kulturen mit vielen Ausstellungen, Festivals und Darbietungen.

2005
Der Mercat Sta. Caterina wird in neuer Gestaltung als moderne Marktanlage eröffnet.

Nie wieder sprachlos

Aussprache

- c vor dunklen Vokalen wie k (como), vor hellen Vokalen wie engl. th (gracias)
- ch wie tsch (ocho)
- h wird nicht gesprochen
- j wie ch (jueves)
- ll wie j (calle)
- ñ wie nj (mañana)
- qu wie k (quisiera)
- s wie ss (casa), am Wortende verschluckt
- y wie j (hoy)
- z wie engl. th (diez)

Wichtige Wörter und Ausdrücke

Ja	*sí*
Nein	*no*
Bitte	*por favor*
Danke	*gracias*
Und	*y*
Wie bitte?	*cómo?*
Ich verstehe nicht	*No entiendo*
Entschuldigung	*con permiso, perdón*
Guten Morgen	*buenos días*
Guten Tag	*buenas tardes*
Guten Abend	*buenas noches*
Auf Wiedersehen	*adios*
Hallo	*hola*
Ich heiße ...	*Me llamo ...*
Ich komme aus ...	*Yo soy de ...*
Wie geht's?	*Que tal, como está?*
Danke, gut	*Bien, gracias*
Wer, was, welcher	*quién, qué, cuál*
Wie viel	*cuánto*
Wo ist	*Dónde está*
Wann	*cuándo*
Wie lange	*cuánto tiempo*
Sprechen Sie Deutsch?	*Habla alemán?*
Heute	*hoy*
Morgen	*mañana*

Zahlen

eins	*uno*
zwei	*dos*
drei	*tres*
vier	*cuatro*
fünf	*cinco*
sechs	*seis*
sieben	*siete*
acht	*ocho*
neun	*nueve*
zehn	*diez*
zwanzig	*veinte*
fünfzig	*cincuenta*
hundert	*cien*
zweihundert	*doscientos*
tausend	*mil*

Wochentage

Montag	*lunes*
Dienstag	*martes*
Mittwoch	*miércoles*
Donnerstag	*jueves*
Freitag	*viernes*
Samstag	*sábado*
Sonntag	*domingo*

Mit und ohne Auto unterwegs

Wie weit ist es nach ...?	*Cuánto tiempo dura el viaje hasta ...?*
Wie kommt man nach ...?	*Por dónde se va a ...?*
Wo ist ...?	*Dónde está ...?*
– die nächste Werkstatt	*el proximo taller*
– der Bahnhof/Busbahnhof	*la estación de ferrocarriles/el terminal de buses*
– die nächste U-Bahn-/Bus-Station	*la proxima estación de metro/parada de autobuses*
– der Flughafen	*el aeropuerto*
– die Touristeninformation	*la información turística*
– die nächste Bank	*el proximo banco*
– die nächste Tankstelle	*la proxima gasolinera*

Sprachführer

Wo finde ich einen Arzt/ eine Apotheke?	Donde encuentro un médico/ una farmacia?
Bitte voll tanken!	lleno, por favor!
Normalbenzin	regular
Super	super
Diesel	diesel
Bleifrei	sin plomo
rechts	a la derecha
links	a la izquierda
geradeaus	recto
Ich möchte ein Auto/Fahrrad mieten	Quiero alquilar un coche/una bicicleta
Wir hatten einen Unfall	Tuvimos un accidente
Ich habe eine Panne	Tengo una avería
Eine Fahrkarte nach ... bitte!	Quisiera un pasaje a ..., por favor!

Hotel

Ich suche ein Hotel	Busco un hotel
Ich möchte ein Zimmer für ... Personen	Tiene usted una habitación para ... personas
Haben Sie noch Zimmer frei?	Hay habitaciones libres?
– für eine Nacht	para una noche
– für eine Woche	para una semana
Ich habe ein Zimmer reserviert	Reservé una habitación
Wie viel kostet das Zimmer?	Cuánto vale la habitación?
– mit Frühstück	desayuno incluido
– mit Halbpension	con desayuno y cena
Kann ich das Zimmer sehen?	Es posible ver la habitación?
Ich nehme das Zimmer	Quiero la habitación
Kann ich mit Kreditkarte zahlen?	Puedo pagar con tarjeta de credito?

Restaurant

Die Speisekarte bitte!	El menú, por favor
Die Rechnung bitte!	La cuenta, por favor
Ich hätte gern einen Kaffee	Un café, por favor
Wo finde ich die Toiletten? – (Damen/ Herren)	Dónde está el baño/el servicio? (señoras/caballeros)
Kellner/-in	camarero/camarera
Frühstück	desayuno
Mittagessen	almuerzo/comida
Abendessen	cena

Einkaufen

Wo gibt es ...?	Dónde hay ...?
Ich möchte ...	Quisiera .../Desearía .../Me gustaría ...
Haben Sie ...?	Hay ...?
Wie viel kostet das?	Cuánto vale esto?
Das ist zu teuer	Es demasiado caro
Ich nehme es	Me lo llevo
Geben Sie mir bitte hundert Gramm/ein Kilo ...!	Por favor déme cien gramos/un kilo de ...
Danke, das ist alles	Gracias, eso es todo
geöffnet	abierto
geschlossen	cerrado
Bäckerei	panadería
Kaufhaus	tienda/grandes almacenes
Markt	mercado
Metzgerei	carnicería
Haushaltswaren	articulos domesticos
Lebensmittelgeschäft	almacén (negocio de alimentos)
Briefmarke für einen Brief/ eine Postkarte nach Deutschland/Österreich/in die Schweiz	sello para una carta postal/ una tarjeta postal a Alemania/ Austria/ Suiza

121

Die wichtigsten kulinarischen Begriffe

SPANISCH-DEUTSCH

A
aceite: Öl
– *de oliva:* Olivenöl
aceitunas: Oliven
agua: Wasser
– *con (sin) gas:* Wasser mit (ohne) Kohlensäure
– *mineral:* Mineralwasser
– *natural:* Leitungswasser
aguardiente: Schnaps
ahumado: geräuchert
ajo: Knoblauch
albaricoque: Aprikose
albóndigas: Fleischklößchen
alcachofas: Artischocken
almejas: Venusmuscheln
almendra: Mandel
anchoas: Anchovis
anis: Anis(-likör)
apio: Sellerie
arroz: Reis
asado: Braten
atún: Tunfisch
avellanas: Haselnüsse
aves: Geflügel
azúcar: Zucker
– *de caña:* Rohrzucker

B
bacalao: Stockfisch
batatas: süße Kartoffeln
bebida: Getränk
– *sin alcohol:* alkoholfreies Getränk
bistec: Beefsteak
bizcochos: Gebäck aus Honig, Mehl und Kokosraspeln
bocadillo: belegtes Brot
boquerón: Sardelle
bonbón gigante: süße Schokoladennachspeise
bonito: Bonito (weißer Tunfisch)
buey: Rind, Ochse

C
cabrito en adobo: eingelegtes, gebratenes Fleisch junger Ziegen
cacahuetes: Erdnüsse
café con leche: Kaffee mit viel Milch
– *americano:* großer schwarzer Kaffee
– *cortado:* Kaffee mit wenig Milch
– *solo:* kleiner schwarzer Kaffee
calabaza: Kürbis
calamar: Tintenfisch
calçots: junge Frühlingszwiebeln
caldo: Fleischbrühe
callos a la madrileña: Kutteln mit Kalbfleisch und Paprikawurst in würziger Sauce
cangrejo: Krebs
capón: Kapaun
carne: Fleisch
– *fiambre:* kalter Braten
– *picada:* Hackfleisch
carnero: Hammelfleisch
castañas: Kastanien
cava: Schaumwein
caza: Wild
cazuela: Eintopf
cebollas: Zwiebeln
cerdo: Schweinefleisch
cerezas: Kirschen
cerveza: Bier
– *rubia:* hell
– *oscura:* dunkel
chorizo: Paprikawurst
chuleta: Kotelett
ciruelas: Pflaumen
– *amarillas:* Mirabellen
cocido: Fleischeintopf mit Gemüse und Kichererbsen
col: Kohl
– *de Bruselas:* Rosenkohl
– *lombarda:* Rotkohl
coliflor: Blumenkohl
colinabo bzw. nabo: Kohlrabi
conejo: Kaninchen
confituras: Eingemachtes
consomé: Kraftbrühe
copa: Schnapsglas
crema: Creme, Cremesuppe
crudo: roh
crustáceos: Schalentiere (Meeresfrüchte)

D
dátiles: Datteln
desayuno: Frühstück
diente de ajo: Knoblauchzehe
dulces: Süßigkeiten

E

embutido: Wurst
empanada: Teigtasche
entremeses: gemischte Vorspeisen
ensalada: Salat
escalope: Schnitzel
espárragos: Spargel
espinaca: Spinat
estofado: Schmorbraten

F

fiambres: kaltes Fleisch
fideos: Fadennudeln
flan: Karamellcreme
fresa: Erdbeere
frito: gebacken
frutas del mar: Meeresfrüchte
frutas: Obst

G

gallina: Huhn
gambas: Krabben
garbanzos: Kichererbsen
gazpacho: kalte Gemüsesuppe
ginebra: Gin
guisado: Gulasch, Schmorfleisch
guisantes: Erbsen

H

helado: Speiseeis
heladería: Eisdiele
hierbas aromáticas: Würzkräuter
hígado: Leber
higo: Feige
hongos: Pilze
huevo: Ei
– *al plato frito:* Spiegelei
– *pasado:* weiches Ei
– *revuelto:* Rührei

J

jabalí: Wildschwein
jamón: Schinken
– *de York* bzw. *dulce:* gekochter Schinken
– *Iberico:* Schinken vom Iberischen Schwein
– *serrano oder curado:* luftgetrockneter Schinken
jerez: Sherry
judías: Bohnen
– *con chorizo:* mit Paprikawurst
– *secas:* weiße Bohnen
jugo: Saft, Brühe

L

leche: Milch
legumbres: Gemüse, Hülsenfrucht
lengua: Zunge
lenguado: Seezunge
lentejas: Linsen
liebre: Hase
lomo: Rückenstück (zumeist vom Schwein)
lubina: Wolfsbarsch

M

macedonia de frutas: Obstsalat
mantequilla: Butter
manzana: Apfel
mariscos: Meeresfrüchte
mejillones: Miesmuscheln
melocotón: Pfirsich
menta: (Pfeffer-)Minze
merluza: Seehecht
mermelada: Marmelade
mero: Zackenbarsch
miel: Honig

N

naranja: Apfelsine
nata batida: Schlagsahne
natillas: Cremespeise
nueces: Walnüsse

O

olla: gekochter Eintopf
ostra: Auster

P

paella: Reisgericht
pan: Brot
– *integral:* Vollkornbrot
– *negro:* Schwarzbrot
– *tostada:* Toastbrot
pastas: Gebäck
pastelería: Konditorei
patatas: Kartoffeln
– *bravas:* Bratkartoffeln (pikant)
– *cocidas:* Salzkartoffeln
– *fritas:* Pommes frites
pato: Ente
pavo: Puter
pecho: Brust

»Queso«, »salchichas«, »jamón« & Co: Feinkostladen in Eixample.

pepinos: Gurken
pera: Birne
perdiz: Rothuhn, eine Variante des Rebhuhns
pescadería: Fischgeschäft
pescado: Fischgericht
picadillo: Hackfleisch
pimienta: Pfeffer
pimiento: Paprikaschote
piña: Ananas
platija: Flunder
platos de carne: Fleischgerichte
– de pescado: Fischgerichte
pollo: Hähnchen, Huhn
postre: Nachtisch
potaje: Gemüsesuppe
pulpitos: kleine Tintenfische
pulpo: Krake

Q
queso: Käse
– blanco: Schafs-, Ziegenkäse
– fresco: Frischkäse

R
rabo de buey: Ochsenschwanz
rape: Seeteufel
requesón: Quark, Frischkäse
rodaballo: Steinbutt
rollo: Roulade
rosbif: Roastbeef

S
salchichas: Würstchen
salchichón: salamiartige Wurst
salmón: Lachs
salmonete: Meerbarbe
sandía: Wassermelone
sangría: kalte Bowle aus Rotwein, Wasser, Zucker, Früchten
setas: Speisepilze
solomillo: Filet, Lendenstück
sopa: Suppe
sorbete: Fruchteis

T
tarta: gefüllte Torte
ternera: Kalb
tiburón: Haifisch
tocino: Speck
torta: Kuchen
tortilla francesa: Omelett mit Eiern
– española: Omelett mit Kartoffeln
trucha: Forelle
turrón: Mandelkonfekt

U
uvas: Weintrauben

V
vaso: Glas
verduras: Gemüse, Salate
vieira: Jakobsmuschel
vinagre: Essig
vino: Wein
– blanco: Weißwein
– de mesa: Tischwein
– del país: Landwein
– rosado: Roséwein
– tinto: Rotwein

Z
zanahorias: Mohrrüben
zarzuela de pescado: eine Art Bouillabaisse
zumo (de frutas): Fruchtsaft

Essdolmetscher

KATALANISCH-DEUTSCH

A
aigua: Wasser
aigua mineral: Mineralwasser
ail: Knoblauch
amanida: Salat
ametlla: Mandel
ampolla: Flasche
arros: Reis
aus: Geflügel

B
bacalla: Kabeljau
beure: trinken
botiga: Lebensmittelgeschäft
bou: Rindfleisch

C
caça: Wildbret
cafè: Kaffee
cargols: Schnecken
carn de bou: Rindfleisch
carn de porc: Schweinefleisch
carn de vedella: Kalbfleisch
carta, menu: Speisekarte
carxofa: Artischocke
cebes: Zwiebeln
cervesa: Bier
cloises: besondere Muschelsorte
conill rostit: Kaninchenbraten

D
dinar: Mittagessen

E
escalivada: eingelegte Paprikaschoten plus Auberginen und Zwiebeln
escalopa: Schnitzel
esdeuni: Frühstück
esmorzar: Mittagessen
esqueixada: eingelegtes Paprikagemüse mit Tomaten, Zwiebeln, Oliven und Stockfisch; wird kalt serviert

F
fetge: Leber
formatge: Käse
forn: Bäckerei
fruita: Obst

I
llagosta: Languste
llenguado: Seezunge
llet: Milch

M
mantega: Butter
mariscos: Meeresfrüchte
mató: Quark
menjar: essen
mongetes: Bohnen

O
oli: Öl
ostres: Austern
ous: Eier

P
pa: Brot
pa amb tomàquet: eine Scheibe frisches Weißbrot, mit Olivenöl getränkt und mit Tomatenstücken sowie einer Knoblauchzehe eingerieben
pasta: Nudeln
pastanagues: Möhren
patates: Kartoffeln
pebrotes: Gemüsepaprika
pernil: Schinken
porc rostit: Schweinebraten
postres: Nachspeise
pèsols: Erbsen
peix: Fisch

R
romesco: katalanische Würzsauce

S
sopa: Abendessen, Suppe
sucre: Zucker

T
tonyina: Tunfisch
truita (de riu): Forelle bzw. Omelett

V
verdura: Gemüse
vi blanc: Weißwein
vi negre: Rotwein

X
xai: Lamm

Nützliche Adressen und Reiseservice

AUF EINEN BLICK
Fläche: Das Stadtgebiet umfasst 99 qkm (davon 16,7 % Wald, 8,5 % städtische Grünanlagen, 58,4 % bebautes Terrain, 16,4 % Plätze und Straßen).
Einwohnerzahl: Im Stadtgebiet 1,64 Mio. Menschen, 3 Mio. im Ballungsraum Barcelona (→ Bevölkerung, S. 128).
Verwaltungseinheit: Regiert wird die Stadt vom Bürgermeister und dem Stadtrat. Barcelona ist unterteilt in 10 Distrikte mit Teilautonomie vor allem in sozialen Belangen. Barcelona ist zudem Regierungssitz der autonomen Region Catalunya mit Regierungspräsident und Parlament, der Generalitat.
Sprache: Offizielle Amtssprache ist neben dem Spanischen das Katalanische, das als Verkehrssprache klar dominiert (→ Sprache, S. 133).
Religion: 98 % der Katalanen gehören der katholischen Konfession an.
Wirtschaft: → S. 138

ANREISE
Mit dem Auto
Die Anreise aus Deutschland erfolgt durch Ostfrankreich Richtung Lyon, weiter geht es über Orange, Montpellier, Perpignan, die französisch-spanische Grenze bei La Jonquera, dann noch 160 km weiter südwärts bis Barcelona. Schweizer und Südwestdeutsche fahren über Basel (oder Zürich) nach Bern und Genf, dann weiter über die französische Autobahn (Lyon) bis La Jonquera. Für Bayern und Österreicher kann unter Umständen die Anreise über Norditalien günstiger sein. Die Autobahnen in Frankreich und Katalonien sind gut ausgebaut, es werden aber ziemlich hohe Autobahngebühren erhoben.

Für eine Autofahrt beispielsweise von Frankfurt nach Barcelona sollte man zwei Tage einkalkulieren. Die Fahrt mit dem Auto in die Innenstadt Barcelonas gerät gerade im morgendlichen und abendlichen Berufsverkehr zu einer Nervenstrapaze, der man sich nicht ohne Not aussetzen sollte. Wer unbedingt mit dem Auto ins Zentrum muss, studiere vorher die Route sehr genau und bedenke, dass einige Hinweisschilder in katalanischer Sprache beschriftet sind. Weitaus bequemer ist es, das Auto möglichst sicher außerhalb der Stadt zu parken und mit der Metro oder der S-Bahn ins Zentrum zu fahren.

Mit dem Bus
Mehrere Unternehmen bieten Busreisen ab Deutschland an die Costa Brava oder nach Barcelona an. Derartige Busreisen sind relativ billig, aber auch mit enormen Unbequemlichkeiten verbunden. Eine Fahrt mit dem Europabus beispielsweise von Frankfurt nach Barcelona dauert mindestens 20 Stunden. Endstation in Barcelona ist der Busbahnhof neben dem Bahnhof Sants (Metro-Anschluss). Buchung und Information: Deutsche Touring GmbH (Am Römerhof 17, 60486 Frankfurt; Tel. 0 69/7 90 32 42, Fax 70 60 59). Buchung in Barcelona bei Eurolines (Estació de Sants), Tel. 9 34 90 40 00 und 9 33 42 51 80.

Mit dem Flugzeug
Die spanische Fluglinie IBERIA, Air Berlin und die Lufthansa unterhalten täglich ab diversen deutschen Flughäfen Direktflüge nach Barcelona. Preislich besonders günstig sind spezielle Wochenendarrangements. Zudem wird Barcelona inzwischen von verschiedenen Low-Cost-Fluggesellschaften wie etwa Germanwings (www.germanwings.com) oder Air Berlin (www.airberlin.com) angeflogen. Eine Anreise per Flugzeug empfiehlt sich v. a. für jene, die wenig Zeit mitbringen und Barcelona im Rahmen eines Kurzurlaubs erleben wollen. Wochenendarrangements, Kulturreisen oder Kurz-Trips nach Barcelona bietet

Auf einen Blick – Barcelona Card

beispielsweise an: IBERO TOURS (Immermannstr. 23, 40210 Düsseldorf; Tel. 02 11/8 64 15 20, Fax 32 89 05; www.iberotours.de).

Der moderne, 1991 komplett überholte und erweiterte Flughafen Barcelona El Prat liegt südwestlich der Stadt, rund 20 Autominuten vom Zentrum entfernt. Dorthin gelangt man für mindestens 20 € per Taxi oder für 3,45 € mit dem Aerobus. Er verbindet von 6 bis 24 Uhr alle 20 Minuten den Flughafen mit der Plaça de Catalunya (Metro-Anschluss) im Stadtzentrum. Die Fahrt mit dem behindertengerecht eingerichteten Bus dauert rund 20 Minuten (Info-Tel. 9 34 15 60 20, unter der allgemeinen Servicenummer für die öffentlichen Verkehrsmittel 010 bzw. unter der Internetadresse www.tmb.net). Des Weiteren verkehrt halbstündlich zwischen dem Flughafen und dem Bahnhof Barcelona-Sants ein Zug (2,20 €).

Mit dem Zug

Die Anreise per Zug ist ausgesprochen umständlich und langwierig. Durchgehende Züge nach Barcelona gibt es derzeit nur im Sommer ab Paris, Zürich und Mailand, nicht aber ab deutschen Städten. Eine Bahnfahrt von Deutschland über Paris oder Zürich nach Barcelona dauert mindestens 18–20 Stunden. Bei manchen Zügen (außer dem Talgo) muss man an der spanischen Grenze umsteigen. Ankunft in Barcelona: Estació de Sants.

AUSKUNFT

In Deutschland
Spanische Fremdenverkehrsämter
– Kurfürstendamm 180, 10707 Berlin; Tel. 0 30/8 82 65 43, Fax 8 82 66 61
– Grafenberger Allee 100 (Kutscherhaus), 40237 Düsseldorf; Tel. 02 11/6 80 39 80 und 6 80 39 81, Fax 6 80 39 85
– Myliusstr. 14, 60323 Frankfurt; Tel. 0 69/72 50 33 und 72 50 38, Fax 72 53 13
– Schubertstr. 10, 80336 München; Tel. 0 89/5 38 90 75 und 5 38 90 76, Fax 5 32 86 80

In Österreich
Spanisches Fremdenverkehrsamt
Mahlerstr. 7, 1010 Wien; Tel. 01/5 12 95 80, Fax 5 12 95 81

In der Schweiz
Spanisches Fremdenverkehrsamt
– Seefeldstr. 19, 8008 Zürich; Tel. 01/2 52 79 30/31, Fax 2 52 62 04
– 15, rue Ami-Levrier, 2a, 1201 Genf; Tel. 0 22/7 31 11 33, Fax 7 31 13 66

In Barcelona
Centre d'Informació Turisme de Barcelona (Infos über Barcelona)
⇢ S. 146, B 16
Gründliche Beratung und Zimmervermittlung.
08002 Barcelona, Pl. de Catalunya 17 (Untergeschoss); Tel. 9 06 30 12 82; Mo–Fr 9–21 Uhr; www.barcelonaturisme.com und www.bcn-guide.com

Centre d'Informació Turistica de Catalunya (Infos über Katalonien)
⇢ S. 146, B 16
Pg. de Gràcia 107 (Palau Robert); Tel. 9 32 38 40 00, Fax 9 32 38 40 10; Mo–Sa 10–19 Uhr

Zimmervermittlung ⇢ S. 146, B 16
Im Touristenbüro Pl. de Catalunya (Erdgeschoss); Tel. 9 33 04 32 32, Fax 9 33 04 33 26; tgl. 9–21 Uhr

Pl. Sant Jaume s/n (Rathaus)
⇢ S. 150, B 21
Mo–Sa 10–20, So, Fei 10–14 Uhr

Estació Sants ⇢ S. 144, B 10
Tgl. 8–20 Uhr

Aeroport de Barcelona ⇢ S. 115, b 3
Flughafen, 08820 El Prat de Llobregat; Tel. 9 34 78 47 04 und 9 34 78 05 65, Fax 9 34 78 47 36; tgl. 9–21 Uhr

BARCELONA CARD

Wer mehrere Tage in der Stadt verbringt und sich viele Sehenswürdigkeiten und Museen anschauen will, profitiert von dieser Karte in jedem

Heute einträchtig nebeneinander: spanische und katalanische Flaggen über der Casa de la Ciutat.

Fall. Sie gewährt einen freien bzw. reduzierten Eintritt in zahlreichen Museen sowie Preisvergünstigungen in bestimmten Geschäften, Restaurants, Bars, Jugendstil-Gebäuden, Parkhäusern und Unterhaltungszentren. Zudem ermöglicht sie die kostenlose bzw. preislich vergünstigte Nutzung von öffentlichen Verkehrsmitteln. Die Karte kostet zwischen 17 € (für einen Tag) und 30 € (für 5 Tage) für Erwachsene. Kinder zwischen 4 und 12 Jahren zahlen zwischen 14 und 26 €. Erworben werden kann die Barcelona Card bei den touristischen Informationsstellen, in der Casa Batlló, im L'Aquarium oder auch im Poble Espanyol de Montjuïc. Infos auch unter Tel. 9 32 85 38 32 oder www.barcelonaturisme.com.

Bevölkerung

Von den 6 Mio. Katalanen leben etwa 3 Mio. im Ballungsraum Barcelona. In der Stadt selbst leben auf einer Fläche von 99 qkm etwa 1,64 Mio. Menschen. Der wirtschaftlich stark entwickelte und seit Jahrzehnten prosperierende Großraum Barcelona hat viele Arbeiter aus den weniger wohlhabenden Regionen Spaniens angezogen. Viele Andalusier, Murcianos, Galicier oder Aragonesen haben deswegen ihre Heimat verlassen und leben heute in zweiter oder dritter Generation im Ballungsraum Barcelona. Dies gilt auch für viele Katalanen aus den ländlichen Regionen.

Buchtipps

Beim Wieser-Verlag in Klagenfurt ist 1999 in der Reihe »Europa erlesen« der Titel **Barcelona** erschienen. Darin finden sich mehr als 80 Geschichten, Erzählungen und sonstige literarische Beiträge, die in der einen oder anderen Weise mit der katalanischen Hauptstadt zusammenhängen. Die Beiträge stammen von solch berühmten Autoren wie beispielsweise Cees Nooteboom, Wolfgang Koeppen, George Orwell, Salvador Dalí, Manuel Vázquez Montalbán, Jean Genet, Hans Magnus Enzensberger oder Eduardo Mendoza.

Die Stadt der Wunder von Eduardo Mendoza zeichnet den Weg eines Aufsteigers von 1888 bis 1929 nach und schildert auf beeindruckende Weise diese von Selbstbewusstsein und Wohlstand geprägte Periode Barcelonas (Suhrkamp Verlag, 2001).

Die Einsamkeit des Managers vom 2003 verstorbenen Autor Manuel Vázquez Montalban ist nur auf den ersten Blick ein Kriminalroman. Der Leser erfährt viel Hintergründiges über die Vorlieben, Interessen, Stärken und Schwächen der Bevölkerung von Barcelona. Ein lebendiges, spannend dargebotenes Gesellschaftsbild der Metropole (Piper Verlag, 2001).

Der Schatten des Windes von Carlos Ruis Zafón beschreibt die abenteuerliche Suche eines jungen Mannes nach einem geheimnisvollen Buch im Barcelona der Franco-Zeit (Insel Verlag, 2003).

Barcelona Card – Geld

Diplomatische Vertretungen
Deutsches Generalkonsulat
⇢ S. 146, B 14
Edificio Europa, 11. Etage, Pg. de Gràcia 111/Ecke Diagonal, 08008 Barcelona; Tel. 9 32 92 10 00, Fax 9 32 92 10 02; E-Mail: zreg@barc.auswaertiges-amt.de; Mo–Fr 9–12.30 Uhr

Österreichisches Konsulat
⇢ S. 146, A 15
C. de Mallorca 214, 08037 Barcelona; Tel. 9 34 53 72 94

Schweizerisches Konsulat
⇢ S. 140, C 4
Gran Via de Carles III 94, 08028 Barcelona; Tel. 9 34 09 06 50

Dolmetscher-Service
Mit der so genannten **Interpreter Card** können Auslandstouristen ohne Spanischkenntnisse vom Festnetz oder Handy aus 20 Minuten lang die Dienste eines Dolmetschers nutzen. Er steht den Kunden telefonisch zur Verfügung, um eventuelle Sprachschwierigkeiten aus dem Weg zu räumen. Die Interpreter Card kostet derzeit 30 €. Weiterführende Information erhält man per E-Mail unter: sat@barcelonaturisme.com

Feiertage
1. Jan. Neujahr
6. Jan. Heilige Drei Könige
Karfreitag
Ostermontag
23. April Sant Jordi
1. Mai Tag der Arbeit
Pfingstmontag 24. Juni Sant Joan
15. Aug. Mariä Himmelfahrt
11. Sept. La Diada, katalanischer Nationalfeiertag
24. Sept. La Mercé, Stadtfest Barcelonas
12. Okt. Tag der Entdeckung Amerikas durch Christoph Kolumbus
1. Nov. Allerheiligen
6. Dez. Tag der Verfassung
8. Dez. Unbefleckte Empfängnis
25./26. Dez. Weihnachten

Fernsehen
Die anspruchsvolleren Hotels verfügen über einen Satellitenanschluss. In den Sommermonaten sendet der Kanal TV3 abends ein mehrsprachiges Nachrichtenprogramm, bei dem wichtige Tagesnachrichten aus mehreren europäischen Ländern (darunter auch das der ARD) ausgestrahlt werden.

Fundbüros
Oficina de Objectes Perduts
⇢ S. 150, B 22
C. de la Ciutat 9; Fax 9 34 02 31 61; Mo–Fr 8.30–14 Uhr

Oficina de Objectes Perduts Transports de Barcelona (Fundbüro der öffentlichen Verkehrsgesellschaft)
⇢ S. 149, F 17
Pl. Universitat (in der Metrostation); Tel. 9 33 18 70 74

Geld
Seit dem 1. Januar 2002 ist auch in Spanien der Euro gesetzliches Zahlungsmittel. In Barcelona und in allen größeren Städten bieten die Banken Geldautomaten (»cajeros automáti-

Nebenkosten in Euro	
1 Tasse Kaffee	1,00
1 Bier (0,33 l)	1,30
1 Cola	1,30
1 Baguette	0,75
1 Schachtel Zigaretten	3,20
1 Liter Normal-Benzin	0,95
Metro-Fahrschein (Einzelfahrt)	1,30
Mietwagen/Tag	ab 45,00

Stand: November 2005

cos«) an, wo man mit der EC- oder Kreditkarte auf bequeme Weise Bargeld rund um die Uhr erhält. Die Banken sind zumeist nur vormittags geöffnet. Die gängigen **Kreditkarten** werden in Katalonien in nahezu allen Hotels, Geschäften und Restaurants des gehobenen Niveaus akzeptiert.

INTERNET
www.bcn-guide.com
Touristischer Führer zu diversen Themen auf der Basis eines 114 Seiten umfassenden Buches (auch in Englisch).
www.barcelonaturisme.com
Offizielle Seite der Tourismus-Behörde. Praktisch, aktuell, zuverlässig; mit Hotelbuchungen (auch Englisch).
www.bcn.es
Offizielle Web-Adresse der Stadt Barcelona. Komplexe und thematisch vielfältige Infos (auch Englisch).
www.gencat.es/probert
Allgemeine Infos zu Katalonien (auch Englisch).
www.barcelona-on-line.es
Hotelreservierungen und Infos zu preiswerten Unterkünften (Englisch).
www.barcelona.de
Private Internetseite über touristische Möglichkeiten (Deutsch).

KLEIDUNG
Im Sommer empfiehlt sich die Mitnahme von Sonnenbrille (evtl. auch Sonnenhut), luftiger Kleidung und leichten, bequemen Schuhen. Im Herbst und Frühling kann es gelegentlich regnerisch werden. Dann ist es ratsam, Schal, warme Kleidung und Regenschutz mit im Gepäck zu haben.

KRIMINALITÄT
In den touristisch stark besuchten Vierteln dies- und jenseits der Ramblas kann es nachts (vor allem nach Mitternacht) zu Raubüberfällen auf Touristen kommen. Die Kriminellen operieren meist in kleinen Gruppen und lenken die Touristen ab. Guter Rat: Nehmen Sie bei Spaziergängen während der Nacht nur wenig Bargeld mit und lassen Sie sich nicht durch verdächtige Personen ansprechen. Vermeiden Sie unbeleuchtete, unbelebte Straßen; nehmen Sie im Zweifel nachts lieber ein Taxi zum Hotel.

Im Stadtviertel Raval sollten Sie sich nach Mitternacht möglichst nicht mehr aufhalten. Nicht wenige Passanten sind dort schon ausgeraubt worden. Nachts gilt das Viertel als gefährliche Zone. Lassen Sie Vorsicht walten, wenn Sie jemand berühren oder bei der Hand nehmen möchte.

MEDIZINISCHE VERSORGUNG
Mitglieder der gesetzlichen Krankenkassen bekommen bei ihren Kassen den in der gesamten EU gültigen Auslandskrankenschein E 111. Er gilt jedoch in Katalonien nur für Ärzte und Krankenhäuser der regionalen Sozialversicherung (»Institut Catalá de la Salut«), die meist nur eine normale medizinische Versorgung gewährleistet. Einen anspruchsvolleren Service erhält man durch eine Reisekrankenversicherung. In diesem Fall müssen die medizinischen Leistungen vor Ort in bar bezahlt werden. Die Kosten werden dann später erstattet.

Apotheken, gut erkennbar an dem roten bzw. grünen Neonkreuz, sind in der Regel von Mo–Fr 9–13 und 16–20, Sa 9–13.30 Uhr geöffnet. An den Apotheken ist angeschlagen, welche Filialen für die Notdienste zuständig sind. Diese werden auch in den Tageszeitungen veröffentlicht.

Medizinische Institutionen:
Rotes Kreuz
Tel. 9 34 33 15 51 und 9 33 00 20 20
Kinderkrankenhaus
Sant Joan de Déu
Tel. 9 32 80 40 40
Hospital de la Creu Roja
C. dos de Maig 301; Tel. 9 35 07 27 00
Hospital de l'Esperança
Tel. 9 32 85 02 00
Hospital del Mar
Pg. Maritim 25–29; Tel. 9 32 21 10 10 und 9 32 21 16 29

DIE PERLEN SPANIENS FINDEN.

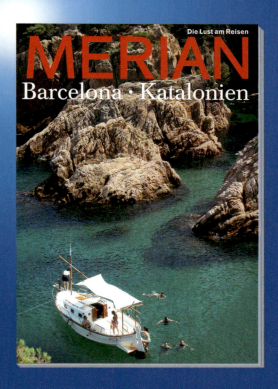

| ERIAN | live! | guide | kompass | scout | map |

Buchten und Berge, Nightclubs und Kathedralen, Design und Dalí – hier schlägt Spaniens Herz! MERIAN bietet Reportagen von exzellenten Fotografen und den besten Autoren der Welt – mit aktuellen Informationen, nützlichen Tipps und umfangreichem Kartenmaterial. Für anspruchsvolle Reisende, die das Erlebnis für alle Sinne suchen. IM GUTEN BUCH- UND ZEITSCHRIFTENHANDEL ODER UNTER TELEFON 0 40/87 97 35 40 UND WWW.MERIAN.DE

MERIAN
Die Lust am Reisen

Asistencia Sanitaria Internacional
Beratung bei ärztlicher Versorgung im Ausland.
Tel. 9 32 14 93 58
Notarzt (Médicos de Urgencia)
C. Montseny 11; Tel. 9 34 12 12 12 und 9 34 15 95 59

NOTRUF
Polizeinotruf
Tel. 0 91
Feuerwehr Barcelona
Tel. 0 80
Medizinische Nothilfe
Tel. 0 61
Guardia Urbana
Tel. 0 92

Bei Verlust der Kreditkarte:
American Express
Tel. 9 15 72 03 20 bzw.
00 49/69/97 97 10 00

Diners Club
Tel. 9 15 47 40 00 bzw.
00 49/69/26 03 58

Eurocard/Mastercard
Tel. 9 15 19 21 00 und 9 33 15 25 12
bzw. 00 49/69/79 33 19 10

Visa
Tel. 9 15 19 21 00 bzw.
00 49/69/66 30 53 33

POLITIK
Katalonien ist eine der 17 Autonomen Regionen Spaniens und in vier Provinzen (Girona, Barcelona, Lleida, Tarragona) und 38 Landkreise (»comarques«) aufgeteilt. Auf einer Fläche von knapp 32 000 qkm (fast so groß wie Belgien) leben etwa 6 Mio. Menschen.

Seit 1979 ist der katalanische Autonomiestatus gesetzlich gesichert. Katalonien wird von der Generalitat regiert; diese wird von den Corts Catalans, dem Regionalparlament, gewählt. Alle katalanischen Parteien betonen die Regionalinteressen Kataloniens in Wirtschaft, Verwaltung, Sprache und Kultur.

POST
Auf Spanisch heißt Post »correos«. Das Hauptpostamt befindet sich an der Plaça d'Antoni López/Via Laietana (Mo–Fr 9–21, Sa 9–14 Uhr); es ist u.a. zuständig für Postlager-, Postgiro-, Paket-, Telegramm-, Fax- und Telexdienste. Postlagernde Sendungen müssen mit der Bezeichnung »lista de correos« gekennzeichnet sein. Die meisten Postämter, zumal in kleineren Orten, sind nur vormittags von 9 bis 14 Uhr geöffnet. Briefmarken bekommt man bei den Postämtern, aber auch in registrierten Tabakwarenläden. Briefe oder Ansichtskarten benötigen von Katalonien nach Deutschland mindestens zwei Tage.

REISEDOKUMENTE
Bei einem Aufenthalt in Spanien von bis zu drei Monaten genügt für die Einreise ein gültiger Personalausweis oder Reisepass.

REISEKNIGGE
In Badekleidung oder mit Unterhemd und Hosenträgern durch Barcelona zu schlendern gilt als unzivilisiert und wird bestenfalls auf den Ramblas geduldet. Kleidung darf extrem modisch, sogar spleenig ausfallen, sollte aber immer sauber und kultiviert sein.

Huhn und Meeresfrüchte dürfen mit den Fingern gegessen werden. Nur in den edlen Restaurants der oberen Kategorie isst man diese Delikatessen mit dem Besteck. Setzt sich der Gast zu üblichen Essenszeiten am Mittag oder Abend, wird davon ausgegangen, dass er auch ein Gericht bestellen will. Wer nur Getränke konsumieren möchte, bleibt am Tresen der Bar.

Der typisch katalanische Volkstanz Sardana darf mitgetanzt werden, auch wenn man die Schrittabfolge nicht so ganz beherrscht. Das Mittanzen sollte aber keinesfalls als ausgelassenes Vergnügen oder beschwingte Albernheit verstanden werden. Auch hier ist Respekt vor der katalanischen Volkskultur angebracht.

Modernisierung auch im Bahnhof: die renovierte Estació de França.

Das Handeln sollten Sie im Geschäft besser lassen. Es wird nicht gern gesehen, wenn ein Kunde um den Preis feilscht, ihn also drücken will. Wenn es Preisnachlässe gibt, sind sie angegeben, ansonsten gilt grundsätzlich der angezeigte Preis.

Reisezeit
Wegen der Hitze und der Ferienzeit ist der Sommermonat August der ungünstigste Zeitpunkt, um die Stadt zu genießen. Das Kultur- und Konzertangebot ist dann sehr eingeschränkt. Die meisten Museen sind nicht klimatisiert, und die Tageshitze macht viele Spaziergänge und Ausflüge schnell zur Strapaze.

Rundfunk
Auch in Katalonien sind die diversen Nachrichten- und Unterhaltungsprogramme der Deutschen Welle zu empfangen. Kostenlose Programmübersicht mit einschlägigen Frequenzbereichen bei der Deutschen Welle, www.dw-world.de.

Sprache
Neben dem Spanischen (»castellano«) gilt in Katalonien das Katalanische (»català«) als offizielle Amts- und Verkehrssprache. Català war während der Epoche der Franco-Diktatur streng verboten. Seit 1978 ist die katalanische Sprache wieder auf allen Ebenen eingeführt. Die Katalanen sind sehr stolz auf ihre eigene Sprache und geben ihr aus Überzeugung den Vorzug vor dem Spanischen. Geografische Angaben, Ortsbezeichnungen, Bekanntmachungen von Behörden, die Öffnungszeiten von Ämtern und Museen usw. erfährt der Auslandstourist normalerweise in Spanisch und Katalanisch.

Hingegen sind Erklärungen zu einzelnen Exponaten in den kommunalen und privaten Museen Barcelonas sowie Speisekarten in den Restaurants manchmal nur in Katalanisch abgefasst, hin und wieder auch in Katalanisch, Spanisch und Englisch. Speziell für Besucher gemachte Broschüren und Informationsschriften

Kunst im öffentlichen Raum: die 22 Meter hohe abstrakte Skulptur »Dona i Ocell« (Frau mit Vogel) im Parc Joan Miró.

sind indes meist auch in Englisch, Französisch oder Deutsch vorrätig.

»Calle«, die spanische Bezeichnung für Straße, wird im Katalanischen zu »carrer«, »playa« (Strand) zu »platja«, »palacio« (Palast) zu »palau«, »paseo« (die Promenade) zu »passeig« oder »plaza« (Platz) zu »plaça«. Toiletten heißen »serveis«, Damen werden »dones«, Herren »homes« genannt. »Museu tancat« (»obert«) bedeutet Museum geschlossen (geöffnet). Von Vorteil ist es auch, sich die Namen der Wochentage einzuprägen. Sie lauten – beginnend mit dem Sonntag – »diumenge«, »dilluns« (hier schließen die meisten Museen), »dimarts«, »dimecres«, »dijous«, »divendres« und »dissabte«.

Wer sich gründlicher mit dem Katalanischen beschäftigen möchte, besorge sich ein Wörterbuch, etwa: »Langenscheidts Handwörterbuch Katalanisch-Deutsch« von Battle, Haensch, Stegmann, Woith (1992).

Telefon

Telefonieren vom Hotel aus ist bisweilen ziemlich teuer. Preiswerter telefoniert man aus Münzfernsprechern oder aus den »locutoris«. In diesen Telefonzentralen bezahlt man nach Beendigung des Gesprächs an der Kasse. Locutoris gibt es etwa an der Estació de Sants (Eingangshalle, bis 22.45 Uhr) oder an der Plaça de Catalunya/Fontanella 2 (Mo–Sa bis 21 Uhr). Spätabends/nachts und an Wochenenden gelten verbilligte Tarife. Telefonkarten (»tarjetas telefónicas«) kosten 6, 12 oder 15 €. Es gibt sie bei der Post oder an Kiosken.

Telefonauskunft: 0 03

Vorwahlnummern
Katalonien → D 00 49
Katalonien → A 00 43
Katalonien → CH 00 41

Wählen Sie erst die 0049 (für Deutschland), darauf die Vorwahl der betreffenden Stadt ohne die Null und die Rufnummer des Teilnehmers. Seit dem Jahr 1998 haben die Telefonnummern in Spanien neun oder gar zehn Ziffern statt der vormaligen sechs oder sieben. Sie beginnen stets mit der Provinzvorwahl, also 93 für die Provinz Barcelona. Die Telefonnummer, bestehend aus der Provinzvorwahl plus Rufnummer des Teilnehmers, muss auch innerhalb der eigenen Provinz gewählt werden. Die 9 als erste Ziffer der Provinzvorwahl muss man auch bei Anrufen aus dem Ausland mitwählen.

Bei den dreistelligen spanischen Spezialnummern, die mit 00 beginnen, wird eine 1 vorangestellt. Spezialnummern, die nur mit einer 0 beginnen (etwa 091 oder 092 = Notruf), haben sich nicht geändert. Handynummern beginnen meist mit einer 6.

D, A, CH → Stadt und Provinz Barcelona: 00 34 93, danach die Rufnummer des Teilnehmers.

Trinkgeld

»Propina« lautet die spanische Bezeichnung. Für zufrieden stellende Leistungen im Restaurant oder Hotel, bei Taxifahrten, geführten Exkursionen sowie an Gepäckträger gibt man in der Regel 5–10 % des Gesamtbetrages. Oder Sie runden den »krummen« Betrag einer Rechnung auf.

Verkehrsverbindungen

Autofahren in Barcelona
Der Gebrauch eines Autos im Zentrum der Zweimillionenstadt strapaziert die Nerven und kann die Urlaubsstimmung erheblich beeinträchtigen. Die Ausfallstraßen sind zwar mehrspurig modern ausgebaut, die Verkehrsdichte ist jedoch in den Stoßzeiten morgens und abends extrem hoch. Bei Fahrten durch die Innenstadt ist ein Stadtplan unerlässlich. Die Anzahl der Parkflächen ist unzureichend, die Inanspruchnahme von Parkhäusern teuer (etwa 1,5 € pro Stunde).

Fahrräder
Das teilweise gebirgige Gelände, vor allem aber das völlig von Autos, Motorrädern und Mofas dominierte Verkehrssystem machen Barcelona für Touristen alles andere als fahrradfreundlich. Für einen Urlaub an der Costa Brava hingegen eignet sich das Fahrrad sehr gut, örtlich ist jedoch mit schwierigem Gelände zu rechnen. Geeignet für eine Fahrradtour in Barcelona ist beispielsweise die Strandpromenade ab Barceloneta am Strand stadtauswärts oder der Ciutadella-Park. Fahrradverleih: Icaria Sports, Av. Icaria 180; Tel. 9 32 21 17 28. Gut organisierte Fahrradtouren durch Barcelona bietet **Fat Tire Bike Tours** (C. Escudellers 48; Tel. 9 33 01 36 12; www.fattirebiketoursbarcelona.com).

Mietwagen
Die größte Auswahl gibt es am Flughafen, z. B. **Avis** (Tel. 9 32 98 36 00), **Europcar** (Tel. 9 32 98 33 00), **Hertz** (Tel. 9 32 98 36 36). Ratsam ist der Abschluss einer Vollkasko-Versicherung, außerdem sollte man die Bedingungen im Leihvertrag genau prüfen. Generell ist es preislich günstiger, den Mietwagen in Deutschland vor Antritt der Reise zu buchen.

Öffentliche Verkehrsmittel
Die Stadt besitzt mehrere Metrolinien, 83 Buslinien, vier Zahnradbahnen und eine Seilbahn. Bequem, schnell und billig kommt man v. a. mit der **Metro** voran. Die öffentliche Transportgesellschaft TMB bietet eine Zehnerkarte für Metro/Bus für 6 € an. Eine Tageskarte für Metro/Bus kostet 4,60 €, eine Dreitageskarte 11,80 €, eine Fünftageskarte 18,20 €. Auskunft: TMB-Büro Metro Universitat; Tel. 9 33 18 70 74 (Mo–Fr 8–20 Uhr), oder Metro Estació Sants bzw. Sagrada Família, Infos unter Tel. 0 10 bzw. www.tmb.net; Infos für Behinderte: Tel. 9 34 86 07 52. Die »Barcelona-Card« (derzeit 17 € für einen Tag, 23 € für drei Tage) gewährt Preisnachlässe für öffentliche Verkehrsmittel, Museen, Restaurants und Geschäfte.

Neben regulären **Bussen**, mit denen man außerhalb der Rushhour gut

Die Drahtseilbahn (»Transbordador aeri«) verbindet den Montjuïc mit dem Hafen.

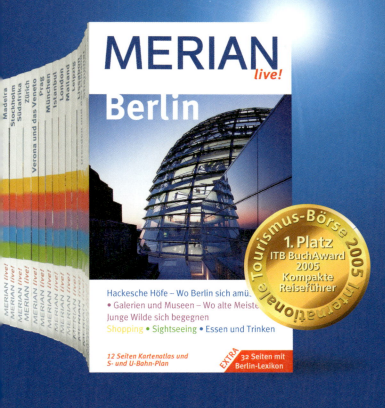

vorankommt, gibt es spezielle Nachtbuslinien (»Nit Bus«) und eine Art Shopping-Bus (»Tombbus«), der auf der so genannten »Barcelona Shopping Line« zwischen Plaça Catalunya und Plaça Pius XII verkehrt. Das einfache Ticket kostet 1,30 €, das Tagesticket »T-Shopping« 5,20 €. Die TMB bietet auch einen Verkehrsdienst für Behinderte (Tel. 9 34 15 60 20).

In den TMB-Büros bekommt man auch Auskunft zu folgenden Arrangements: »Bus Turístic«, zweistündige Rundfahrt ab Plaça de Catalunya zu den bedeutendsten Sehenswürdigkeiten Barcelonas, man kann an den Haltestellen beliebig ein- und aussteigen. Das Tagesticket kostet 15 €, das Zweitagesticket 19 €, verbunden mit vielen Preisnachlässen für Museen und Sehenswürdigkeiten. »Tramvia Blau«, eine Fahrt in einer alten Straßenbahn, Abfahrt Plaça John F. Kennedy (nur Ende Juni bis Mitte Sept.). »Teleférico«-Seilbahn über den Hafen zwischen Barceloneta und Parc Montjuïc; Sessellift zwischen Parc Montjuïc und Castell de Montjuïc.

Rundflüge
Ein Flug über das Stadtzentrum dauert etwa 15 Minuten und kostet 12 € (Tel. 9 33 42 97 90, Fax 9 33 17 50 31; www.globusbcn.es). Helikopterflüge über Barcelona bietet das Unternehmen Helipistas an. Die Trips verlaufen in einer Höhe von ca. 300 m und kosten derzeit 25 € für 25 Minuten. Info: www.barcelonaturisme.com.

Taxis
Rund 11 000 schwarz-gelbe Taxis gibt es in der Stadt. Ist das Taxi frei, leuchtet auf dem Dach eine grüne Lampe. Tarife und Zuschläge für Gepäck, Nacht- und Flughafenfahrten sind gewöhnlich im Innern des Fahrzeugs angeschlagen. Der Taxameter muss stets unaufgefordert eingeschaltet sein. Taxiruf unter Tel. 9 33 92 22 22, 9 33 58 11 11, 9 33 30 03 00, 9 34 90 22 22 und 9 34 90 44 44.

Wirtschaft
Katalonien gilt als bedeutendste Wirtschaftsregion Spaniens. Rund 25 % des spanischen Bruttosozialprodukts werden hier erwirtschaftet. Industrieller Ballungsraum mit Großunternehmen in den Bereichen Automobilproduktion, Textil- und Metallverarbeitung, Elektronik, Feinmechanik, Baugewerbe und chemische Industrie ist natürlich der Großraum Barcelona. Größere Bedeutung hat auch der Hafen, er ist der viertgrößte Spaniens. Rund 50 % der katalanischen Bevölkerung arbeiten in der Industrie, 40 % im Dienstleistungssektor und nur 6 % in der Landwirtschaft. Letztere ist im Vergleich zum restlichen Spanien stark mechanisiert und erzeugt vor allem Wein und Cava, Olivenöl, Gemüse, Obst, Blumen und Futtermittel.

Ein bedeutender Wirtschaftszweig innerhalb des katalanischen Dienstleistungssektors ist der Tourismus. Er konzentriert sich auf Barcelona und die Küstenregionen. Speziell an der Costa Brava und Costa Dorada wurde eine Vielzahl von Hotels, Restaurants, Geschäften und Wassersportunternehmen geschaffen.

Zeit
Auf dem spanischen Festland gilt die gleiche Zeit wie in Deutschland, mit der üblichen Umstellung auf die Sommer- und Winterzeit.

Zeitungen
Deutschsprachige Zeitschriften, Zeitungen, Illustrierte und Magazine bekommen Sie an den Kiosken auf den Ramblas und am Flughafen.

Zoll
Mengenmäßige Ein- und Ausfuhrbeschränkungen für Tabak, Alkohol etc. gibt es innerhalb der Europäischen Union nicht mehr. Es muss aber erkennbar sein, dass die Waren ausschließlich für den Privatgebrauch bestimmt sind.

Kartenatlas

Orientierung leicht gemacht: mit Planquadraten und allen Orten und Sehenswürdigkeiten.

Legende

Spaziergänge
- Architektonische Pracht im Zentrum (S. 90)
- Jugendstil-Monumente in Gràcia (S. 91)
- Hinauf zum Freizeitgelände Montjuïc (S. 96)
- Vom Alten Hafen zum Olympiahafen (S. 98)
- El Raval (S. 100)
- Ciutat Vella (S. 102)

Sehenswürdigkeiten
- MERIAN-TopTen
- MERIAN-Tipp
- Sehenswürdigkeit, öffentl. Gebäude
- Sehenswürdigkeit Kultur
- Sehenswürdigkeit Natur

Sehenswürdigkeiten ff.
- Kirche; Kloster
- Schloss, Burg; Ruine
- Moschee; Synagoge
- Museum; Denkmal
- Leuchtturm; Windmühle

Verkehr
- Autobahn
- Autobahnähnliche Straße
- Fernverkehrsstraße
- Hauptstraße
- Nebenstraße
- Unbefestigte Straße, Weg
- Fußgängerzone

Verkehr ff.
- Parkmöglichkeit
- Busbahnhof; Bushaltestelle
- Metrostation
- Ferrocarril
- Bahnhof
- Schiffsanleger
- Flughafen; Flugplatz

Sonstiges
- Information
- Theater
- Markt
- Zoo
- Botschaft, Konsulat
- Aussichtspunkt
- Friedhof

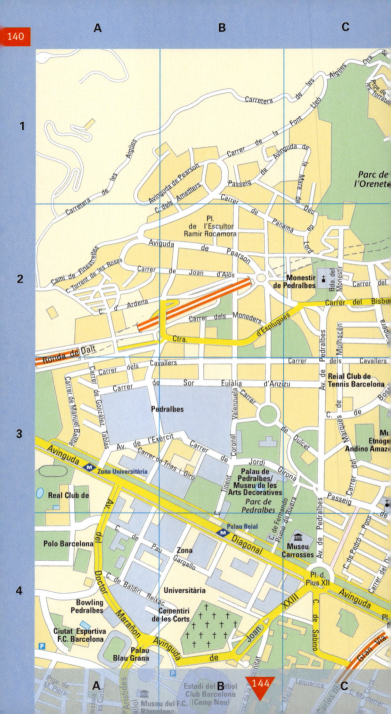

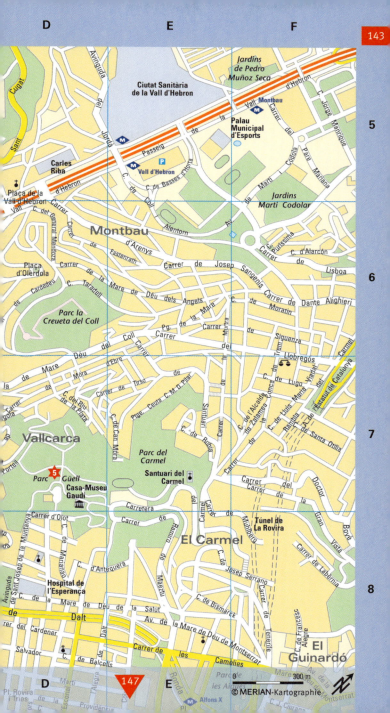

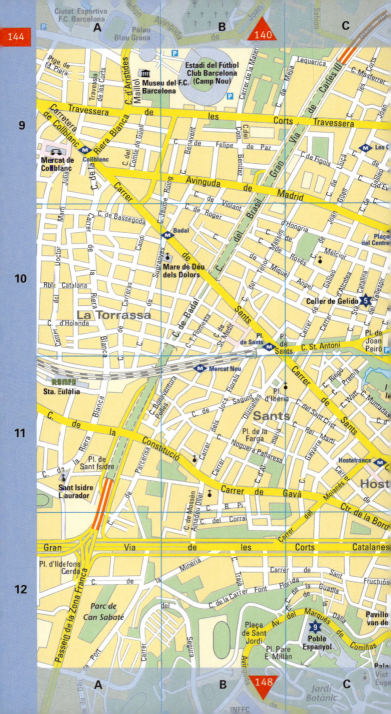

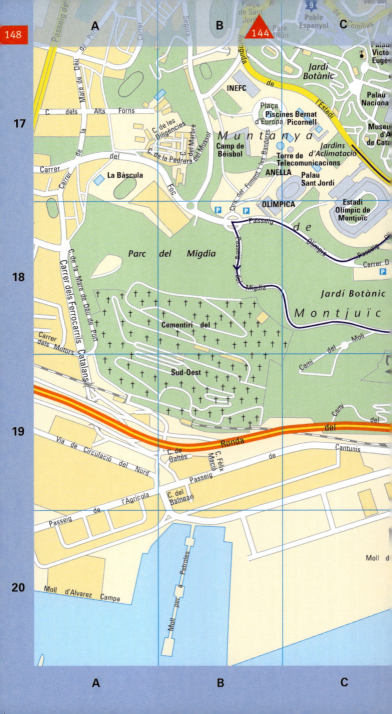

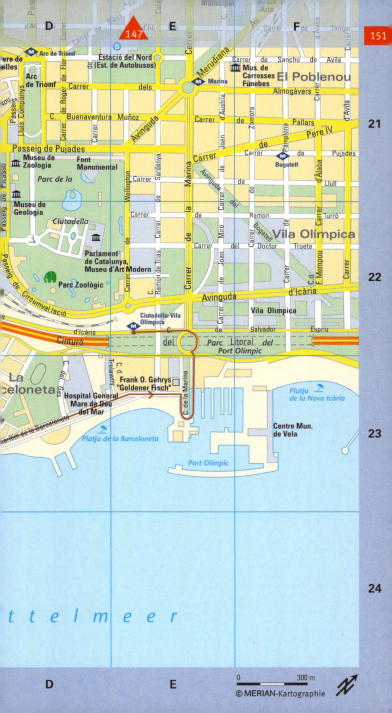

152 Kartenregister

A

Adossat, Moll 149, E20
Adrià Margarit, C. d' 142, B6
Adrià, Pl. d' 142, A8
Agrícola, Pg. de l' 148, A20
Aigües, C. de les 140, A2
Àlaba, C. d' 151, F21
Alarcón, C. d' 143, F6
Alcalde de Zalamea, C. del' 143, F7
Alcolea, C. d' 144, C10
Aldana, C. 149, F17
Alegre de Dalt, C. del' 147, D13
Alfons el Savi, Pl. 147, E13
Alfons XII, C. d' 146, A13
Alí Bei, C. d' 147, D16
Almeria, C. d' 144, B11
Almirall Cervera, C. de 150, C23
Almogàvers, C. dels 151, D21
Alt de Gironella, C. 141, E4
Alts Forns, C. dels 148, A17
Alvarez Campa, Moll d' 148, A20
Ametllers, C. dels 140, B2
Amigó, C. d' 145, F9
Ample, C. 150, B22
Andrea Dòria, C. d' 151, D23
Angels, C. dels 150, A21
Anglesola, C. de 145, D9
Angli, C. d' 141, E2
Antequera, C. d' 143, D8
Antóni López, Pl. d' 150, C22
Antoni Maura, Pl. 150, C21
Aragó, C. d' 145, D11
Arc del Teatre, C. del' 150, A22
Ardena, C. d' 140, A2
Arenys, C. d' 143, D6
Aribau, C. d' 146, A14
Aristi des Maillol, C. d' 144, A9
Armada, Pl. del' 149, F18
Arts, Pl. de les 147, F16
Assutzena, C. del' 142, C6
Astúries, C. d' 146, C13
Augusta, V. 141, E2
Aurora, C. del' 149, F17
Ausiàs Marc, C. d' 146, C16
Av. de la Mare de Déu de Lorda, Pg. de 140, B1
Avenir, C. del' 146, A13
Avila, C. d' 151, F21
Avinyó, C. d' 150, B21

B

B. Pi, C. 144, B11
Bailén, C. de 147, D14
Baixa, Riera 150, A21
Balboa, C. de 150, C22
Balcells, C. de 143, D8
Baldiri Reixac, C. de 140, A4
Balears, Moll dels 150, B23
Ballester, C. de 142, B8
Balmes, C. de 142, A7
Balneari, C. del 148, B19
Barcelona, Moll de 150, A23
Barceloneta, Moll de 150, C23
Barceloneta, Pl. 150, C23
Baró de la Barre, C. del 142, C7
Bassegoda, C. de 144, A10

Basses d'Horta, C. de 143, E5
Béjar, C. de 145, D11
Benavent, C. 144, B9
Benedetti, C. de 141, F2
Benet XV, Pl. de 141, E1
Bergara, C. de 146, B16
Berlin, C. de 145, D10
Bertran, C. de 142, A7
Betlem, C. de 142, C8
Bisbe Català, C. del 140, C2
Bismarck, C. de 143, E8
Blai, C. de 149, E17
Blasco de Garay, C. 149, E17
Blasco de Garay, Pl. 149, E17
Blesa, C. de 149, F18
Bòbila, C. 149, E17
Bogatell, Av. del 151, E21
Bolívia, C. de 147, F16
Bonanova, Pg. de la 141, E2
Bonaventura Polles, C. 144, A11
Bonavista, C. 146, B14
Bonavista, Ptge. de 141, E1
Bordeus, C. 145, E9
Bori i Fontestà, C. de 145, E9
Borràs, Pl. de 141, E1
Bosch i Alsina, Moll de 150, B22
Boschi i Gimpera, C. de 140, C3
Braus Monumental, Pl. de 147, E16
Bretòn de los H., C. 146, B13
Briz, Baixada de 142, C7
Bruc, C. del 146, C15
Bruniquer, C. de 146, C13
Buenaventura Muñoz, C. 151, D21
Buenos Aires, C. 145, F10

C

C. Font Florida, C. de la 144, B12
Caballero, C. de 144, C10
Cabanes, C. de 149, F18
Calàbria, C. de 145, E11
Calatrava, C. de 141, E3
Calvet, C. de 145, F9
Camèlies, C. de les 143, E8
Camp, C. del 142, A8
Can Caralleu, C. de 141, D1
Can Móra, C. de 143, E7
Cantunis, Pg. de 148, B19
Canuda, C. 150, B21
Caralleu, Major de can 141, D1
Caralleu, T. de can 141, D1
Cardedeu, C. de 143, D6
Cardenal Sentmenat, C. del 141, E3
Cardener, C. del 143, D8
Carders, C. 150, C21
Cardona, Pl. 146, A13
Carles Ibàñez, Pl. de 149, F18
Carles III, Gran V. de 140, C4
Carles Riba, C. de 142, A5
Carme, C. del 150, A21
Carmel, Carretera del 143, E7
Carmel, Rbla. del 143, F7

Carolines, C. 142, B8
Carrera, C. 150, A22
Carreras i Candi, C. de 144, A11
Carretes, C. de les 149, F17
Cartagena, C. de 147, F14
Cascades, Pl. de les 148, C17
Casp, C. de 146, B16
Castell, Av. del 149, D18
Castella, Pl. de 146, A16
Castillejos, C. de 147, F14
Catalana, Rbla. 144, A10
Catalunya, Moll de 150, A23
Catalunya, Pl. de 146, B16
Catalunya, Rbla. de 146, B16
Catedral, Av. 150, B21
Cavallers, C. dels 140, A3
Central, Pl. de la 142, B6
Cera, C. de la 149, F17
Ceuta, Ptge. 143, E7
Cid, C. del 150, A22
Cigne, C. del 146, B13
Circulació del Nord, V. de 148, A19
Circumval.lació, Pg. de 151, D22
Cistér, C. del 142, A6
Ciutat, C. 150, B22
Ciutat de Balaguer, C. de la 142, A7
Coll del Portell, Av. del 143, D8
Coll i Alentorn, C. de 143, E5
Collblanc, C. de 144, A9
Collcerola, C. de 142, B5
Colom, Pg. de 150, B22
Com. Benítez, C. del 144, B9
Comerç, C. del 150, C21
Comtal, C. 150, B21
Comte d'Urgell, C. del 145, F11
Comte de Güell, C. del 144, A9
Comte de Sta. Clara, C. 150, C23
Comtes de Bell. Lloc, C. dels 144, C10
Conca de Tremp, C. de la 143, E7
Concepció, Ptge. de la 146, B14
Concòrdia, C. de la 149, E17
Consell de Cent, C. del 144, C11
Consell de Cent, C. del 145, E11
Constitució, C. de la 144, A11
Contradic, Moll del 149, D19
Copernic, C. de 142, A8
Corral, C. del 144, B12
Còrsega, C. de 145, E10
Corts, C. les 144, C9
Corts, T. de les 144, A9
Corts Catalanes, Gran Via de les 144, A12
Costa, Moll de la 149, E19
Creu dels Molers, C. de la 149, E17

D

Dàlia, C. de la 144, C12
Dalmases, C. de 141, E3

Kartenregister 153

Dalt, Ronda de 140, A3
Dalt, T. de 142, C8
Dante Alighieri, C. de 143, F6
Dante, Pl. de 149, E18
Descartes, C. de 142, A8
Déu i Mata, C. de 145, D9
Diagonal, Av. 140, A3
Diligències, C. de les 148, B17
Diputació, C. de la 145, D12
Dr. Andreu, Pl. del 142, B5
Dr. Bové, C. del 143, F7
Dr. Dou, C. 150, A21
Dr. Ferran, C. del 140, C4
Dr. Fleming, C. del 145, E9
Dr. Ibáñez, C. 145, D9
Dr. Ignacio Barraquer, Pl. del 145, E9
Dr. Letamendi, Pl. 146, A15
Dr. Marañon, Av. del 140, A3
Dr. Marti Julia, C. del 144, A10
Dr. Trueta, C. del 151, E22
Dolors de Monserdà, C. 141, E2
Dominguez i Miralles, C. de 141, D2
Dos de Maig, C. del 147, F16
Drassanes, Av. de les 150, A22
Duc de Medinaceli, Pl. del 150, B22
Dulcet, C. de 140, B3

E

E. Bargés, C. d' 145, D10
Elisabets, C. 150, A21
En Fontrodona, C. d' 149, E18
En Grassot, C. d' 147, D14
Enamorats, C. de 147, E15
Encarnació, C. del' 147, D13
Enric Granados, C. d' 146, A15
Entença, C. d' 145, E10
Entença, C. d' 145, E12
Equador, C. del' 145, E10
Ermengarda, C. d' 144, C11
Escipió, C. d' 142, B8
Escoles Pies, C. de les 141, F3
Escorial, C. del' 147, D13
Escudellers, C. dels 150, B22
Escultor Ramir Rocamora, Pl. del' 140, A3
Espanya, Moll d' 150, B23
Espanya, Pl. d' 145, D12
Esperança, C. del' 141, E2
Esplugues, Carretera d' 140, B2
Estadi, Av. del' 144, B12
Estatut de Catalunya, Av. del' 143, F7
Esteve Terradas, C. d' 142, C7
Estruc, C. 146, B16
Europa, C. de 144, C9
Europa, Pl. d' 148, B17
Evarist Arnús, C. d' 144, C9
Exèrcit, Av. del' 140, A3
Exposició, Pg. 149, D17

F

F. Mompou, C. de 151, F22
Far, Camí del 148, C19
Farga, Pl. de la 144, B11

Farigola, C. de la 142, C7
Fastenrath, C. de 143, D6
Felipe de Paz, C. de 144, B9
Fèlix Macià, C. 148, B19
Ferlandina, C. de 146, A16
Fernando Primo de Rivera, C. de 140, B4
Ferràn, C. de 150, B21
Ferrocarrils Catalans, C. dels 148, A18
Figols, C. de 144, C9
Finestrelles, Camí de 140, A2
Floridablanca, C. de 145, E12
Flors, C. de les 149, F17
Flos i Calcat, C. de 141, D4
Foc, C. del 148, A17
Fomentiles Banderes, Carretera del 148, B18
Font Lleó, C. de la 140, B1
Font, Pl. de la 150, C23
Fontanella, C. de 146, B16
França Xica, C. de la 149, D17
Francesc Alegre, C. de 143, F8
Francesc Carbonell, C. de 141, D4
Francesc Macià, Pl. 145, F9
Francisco Giner, C. de 146, C14
Freixa, C. de 141, F4

G

Galileo, C. de 144, C10
Gall, Pl. del 145, F11
Galtés, C. de 148, B19
Ganduxer, C. de 141, F3
Ganduxer, C. de 145, E9
Gas, C. del 151, D23
Gaudí, Av. de 147, E14
Gaudí, Pl. de 147, E15
Gayarre, C. 144, C11
Gelabert, C. 145, E10
General Mendoza, C. del 143, D6
General Mitre, Ronda del 141, E4
Ginebra, C. de 150, C22
Girona, C. de 146, C15
Glòria, Baixada de la 142, C7
Glòries Catalanes, Pl. de les 147, F16
González Tablas, C. de 140, A3
Gràcia, Pg. de 146, B16
Gràcia, T. de 146, A13
Gral. Castaños, C. de 150, C22
Gran de Gràcia, C. 146, B14
Gran Vista, C. de la 143, F7
Granados, C. de 141, E1
Guatlla, C. de la 144, C12
Güell, Joan 144, C9
Guillem Tell, C. 142, B8
Guitard, C. de 145, D10

H

Hispanitat, Pl. 147, E15
Holanda, C. d' 144, A10
Hospital, C. del' 150, A21
Hospital Militar, Av. del' 142, C7
Hurtado, C. d' 142, B7

I

Ibèria, Pl. d' 144, B11
Icària, Av. d' 150, C22
Ildefons Cerda, Pl. d' 144, A12
Immaculada, C. de la 141, E2
Indústria, C. de la 147, D14
Isabel II, Pg. 150, C22

J

J. A. Clavé, C. de 150, B22
J. Ciurana, C. 147, F13
J. Fabra, C. 149, E17
Jaume Càncer, C. 142, A6
Jaume I, C. de 150, B21
Jaume Roing, C. 144, B10
Jerusalem, C. de 150, A21
Jesús i Maria, C. de 142, A6
Joan Blanques, C. 147, D13
Joan Carles I, Pl. de 146, B14
Joan d'Alòs, C. de 140, A2
Joan d'Austria, C. de 151, E21
Joan de Borbó, Pg. 150, C23
Joan Güell, C. de 144, C10
Joan Miró, C. de 151, E22
Joan Peiró, Pl. de 144, C10
Joan XXIII, Av. de 140, A4
Joanic, Pl. d'en 147, D13
Joaquim Pena, Pl. de 141, E3
Joaquín Costa, C. 150, A21
Jocs Florals, C. dels 144, B11
Johann Sebastian Bach, C. de 141, F4
Jordà, Av. de 143, D5
Jordi Girona, C. de 140, B3
Jorge Manrique, C. 143, F5
Josep Carner, Pg. de 149, F19
Josep Sangenís, C. de 143, E6
Josep Serrano, C. de 143, E8
Josep V. Foix, C. 141, D2
Judici, C. 150, C23

L

L. Antúnez, C. 146, B14
Labèrnia, C. de 143, F8
Lafont, C. de 149, F18
Laforja, C. de 145, F9
Laietana, V. 150, C21
Legalitat, C. de la 147, D13
Leiva, C. de 144, C11
Lepant, C. de 147, E14
Lesseps, Pl. 142, C8
Lincoln, C. de 146, B13
Lisboa, C. de 143, F6
Litoral, Cinturó del 151, D22
Lleida, C. de 149, D17
Lleó XIII, C. de 142, B6
Llevant, Moll de 149, F20
Llibertat, C. de la 146, C14
Llibertat, Pl. de la 146, B13
Llobregós, C. del 143, E6
Llorens i Barba, C. 147, F13
Lluçà, C. de 144, C9
Lluís Companys, Pg. 151, D21
Lluís Maria Viadal, C. de 143, F7
Lluís Muntades, C. de 142, B5
Llull, C. de 151, E21
Londres, C. de 145, E10
Loreto, C. de 145, E9
Lugo, C. de 143, F7

M

M. E. Pilar, C. 143, E7
M. de D. del Remei, C. 149, D17
M. Fiera, Ptge. de 144, A9
Madrazo, C. dels 146, A13
MacLuixer, C. del 142, B5
Magalhaes, C. de 149, E17
Magdalenes, C. 150, B21
Maignon, C. de 142, C8
Major de Sarrià, C. 141, E2
Mallorca, C. de 145, E11
Manacor, C. de 142, B7
Mandri, C. de 141, F3
Mañé i Flaquer, Pl. de 142, B8
Manila, C. de 140, C4
Manso, C. de 149, E17
Manuel Arnús, C. de 142, B5
Manuel Ballbé, C. de 140, A3
Manuel Girona, Pg. de 140, C2
Maquinista, C. de la 150, C23
Mar, C. del 150, C23
Marbre, C. del 148, B17
Mare Déu del Coll, Pg. de la 142, C7
Mare de Déu de la Salut, C. de la 143, D8
Mare de Déu de Montserrat, Av. de la 143, E8
Mare de Déu de Port, C. de la 148, A17
Mare de Déu dels Angels, C. de la 143, D6
Mare, Pg. de la 143, E6
Margarit, C. de 149, E17
Margenat, C. de 141, E2
Maria Cubí, C. de 146, A13
Maria Reina, C. de 140, C1
Mariarao, C. de 143, D8
Marina, C. de la 147, E14
Marina, C. de la 151, E23
Marítim de la Barceloneta, Pg. 150, C23
Marítimo Gabriel Roca, Pg. 150, A24
Marmelià, C. de 142, B7
Marquès de Barberà, C. 150, A21
Marquès de Campo Sagrado, C. de 149, F17
Marquès de Comillas, Av. del 144, 312
Marquès de Sentmenat, C. del 145, D9
Marquès del'Argentera, Av. 150, C22
Marti, C. de 146, C13
Marti i Codolar, Av. de 143, E6
Martorell i Peña, C. de 141, E1
Mas Casanoves, C. del 147, F13
Masferrer, C. 144, C9
Mata, C. 149, F18
Maternitat, C. de la 144, B9
Mejía Lequerica, C. de 144, C9
Melcior de Palau, C. de 144, B10
Meridiana, Av. 147, F16
Mestre Nicolau, C. del 145, F9
Migdia, Pg. del 148, B18
Milà i Fontanals, C. 146, C14
Mineria, C. de la 144, A12
Minerva, C. 146, B14
Miquel Angel, C. de 144, B10
Mirador, Pl. del 149, E18
Miramar, Av. de 149, D18
Miramar, Carretera de 149, E19
Miramar, Pg. de 149, E18
Mistral, Av. de 145, D12
Moianès, C. del 144, B12
Moles, C. les 146, B16
Moli, Camí del 148, C19
Molina, Pl. de 142, A8
Moneders, C. dels 140, B2
Monestir, Baixada del 140, C2
Monestir, C. del 140, C2
Montcada, C. 150, C21
Montjuïc, Carretera de 149, E19
Montjuïc, Pg. de 149, E18
Montnegre, C. del 145, D9
Montseny, C. del 146, B13
Móra d'Ebre, C. de 143, D7
Moratín, C. de 143, F6
Mossèn Amadeu Oller, C. de 144, B12
Mossèn Jacint Verdaguer, Pl. 147, D15
Motors, C. dels 148, A18
Muhlberg, C. de 143, E7
Muntadas, C. 144, C11
Muntaner, C. de 142, A8
Murtra, C. de 143, E7
Musitu, C. de 142, A7

N

Nàpols, C. de 147, D15
Negrevernis, C. de 141, D2
Neptú, Pl. 149, D18
Nicaragua, C. de 145, D10
Noguera Pallaresa, C. 144, B11
Nord, Pl. del 142, C8
Nou de la Rambla, C. 149, E18
Nou de St. Francesc, C. 150, B22
Nou, Moll 150, B24
Novell, C. de 144, C9
Numància, C. de 145, D10

O

Occidental, Moll 150, A24
Olèrdola, Pl. d' 143, D6
Olímpic, Pg. 148, C18
Olivera, C. del' 149, E17
Olot, C. d' 143, D8
Olzinelles, C. d' 144, B11
Orient, Pl. de l' 141, E3
Oriental, Moll 150, A24

P

Pablo Neruda, Pl. 147, E15
Padilla, C. de 147, F14
Padilla, C. de 147, F15
Pàdua, C. de 142, B8
Països Catalans, Pl. dels 145, D10
Palau, Pl. del 150, C22
Palaudàries, C. 149, F18
Pallars, C. de 151, E21
Pamplona, C. de 151, F22
Panamà, C. de 140, B1
Paral.lel, Av. del 149, F18
Parcerisa, C. de 144, A12
Pare E. Millán, Pl. 144, B12
Pare Laínez, C. 147, D13
Pare Mariana, C. del 143, F5
Parlament, C. 149, E17
Pau Alcover, C. de 141, E3
Pau Claris, C. de 146, C16
Pau Gargallo, C. de 140, A4
Pau Vila, Pl. de 150, C22
Pearson, Av. de 140, A2
Pedralbes, Av. de 140, C3
Pedrera del Mussol, C. de la 148, A17
Pedró i Pons, C. de 140, C4
Pelai, C. de 146, A16
Pere de Montcada, C. de 141, D2
Pere IV, C. de 151, E21
Perill, C. del 146, C14
Pescadors, Moll dels 150, B23
Petroles, Moll per a 148, B20
Pi i Margall, C. de 147, D13
Pi, Pl. del 150, B21
Picasso, Pg. de 151, D22
Piera Blanca, C. de la 144, A9
Pintor Fortuny, C. 150, A21
Pius XII, Pl. d. 140, C4
Planella, C. dels 141, F2
Poeta Cabanyes, C. del 149, E18
Pomaret, C. de 141, F2
Ponent, Moll de 149, F19
Portaferrissa, C. 150, B21
Portal de la Pau, Pl. del 150, A22
Portal de l'Angel, Av. 150, B21
Portal Nou, C. 151, D21
Prat de la Riba, Pl. de 141, D4
Prat, Rbla. del 146, B13
Premià, C. 144, C11
Princep d'Astúries, Av. del 146, B13
Princesa, C. de la 150, C21
Provença, C. de 145, D11
Providència, C. de la 147, D13
Puigi X., C. 149, F18
Pujades, C. de 151, F21
Pujades, Pg. de 151, D21
Puríssima, C. de 143, F6

Q

Quatre Camins, C. dels 142, A6

R

R. de Castro, C. 147, F13
Radas, C. de 149, E17
Ramblas, Las 150, A22
Ramiro de Maeztu, C. de 143, E8
Ramon de Trias, C. 151, E22
Ramon Miquel i Planas, C. de 141, D2
Ramon Turró, C. de 151, E22
Ramón y Cajal, C. de 146, C13
Ravella, C. de 141, F4
Rec, C. del 150, C22

Kartenregister 155

Rector Triadó, C. del 145, D11
Rector Ubach, C. del 141, F4
Regomir, C. 150, B22
Rei Martí, C. 144, C11
Reial, Pl. 150, B22
Reina Amàlia, C. de la 149, F17
Reina M. Cristina, Av. de la 145, D12
Reina Victòria, C. de la 141, F4
Rellotge, Moll del 150, B23
República Argentina, Av. de la 142, B6
Ribes, C. de 147, D16
Ricart, C. de 149, D17
Riego, C. 144, C11
Riera Alta, C. de la 149, F17
Riera Blanca, C. de la 144, A10
Riera de St. Miquel, C. de la 146, B13
Riereta, C. d. l. 150, A21
Riu de la Plata, C. del 143, D7
Rius i Taulet, Av. de 144, C12
Riusi Taulet, Pl. 146, C13
Robrenyo, C. de 144, C10
Rocafort, C. de 145, E11
Roger, C. de 144, B10
Roger de Flor, C. de 151, D21
Roger de Llúria, C. de 146, C16
Romans, C. 147, D13
Ros de Olano, C. de 146, B13
Rosari, C. de 141, E3
Roser, C. del 149, E18
Rosés, C. de 144, B10
Rosselló, C. de 147, E14
Rovira i Trias, Pl. 147, D13
Rubia, C. de 143, E7

S

Sabino, C. de 140, C4
Sagrada Família, Pl. de la 147, E15
Sagunt, C. de 144, B11
Salvà, C. de 149, E18
Salvador Alarma, C. de 142, C5
Salvador Espriu, C. de 151, E22
Sancho de Avila, C. de 151, E21
Sant Antoni Maria Claret, C. de 147, D14
Sant Antoni, Ronda de 145, F12
Sant Bertran, Moll de 149, F19
Sant Carles, C. de 150, C23
Sant Crist, C. del 144, C11
Sant Cugat, Carretera de 142, C6
Sant Eudald, C. de 142, C7
Sant Fructuós, C. de 144, B12
Sant Gervasi de Cassoles, C. de 142, A7
Sant Gervasi, Pg. de 142, A7
Sant Isidre, Pl. de 144, A11
Sant Joan Bosco, Pg. de 141, D4
Sant Jordi, Pl. de 144, B12
Sant Josep de la Muntanya, Av. de 143, D8
Sant Pau, C. de 150, A21
Sant Pau, Ronda de 149, F17

Sant Pere Claver, C. de 141, E1
Sant Pere Més Alt, C. de 150, C21
Sant Pere, Ronda de 146, B16
Santa Amèlia, C. de 140, C3
Santa Eulàlia, Pg. de 141, D1
Santa Madrona, Pg. de 149, D17
Santa Otilia, C. de 143, F7
Santaló, C. de 146, A13
Sants, C. de 144, A9
Sants, Pl. de 144, B10
Santuari, C. de 143, E6
Saragossa, C. de 142, B8
Sardana, Pl. de 149, E18
Sardenya, C. de 147, E14
Sarrià a Vallvidrera, Carretera de 141, D1
Sarrià, Av. de 141, D4
Sarrià, Av. de 145, E9
Secretari Coloma, C. del 147, E13
Segura, C. del 144, A12
Sepúlveda, C. de 145, D12
Sicília, C. de 147, E15
Siguenza, C. de 143, E6
Siracusa, C. 146, C14
Sol, Pl. del 146, C13
Sol, Pl. del 149, D17
Solà, C. de 145, D9
Sor Eulàlia d'Anzizu, C. de 140, A3
St. Agustí, Pl. de 150, A21
St. Antoni Abat, C. de 149, F17
St. Antoni, C. 144, C10
St. Eusebi, C. de 146, A13
St. Gil, C. 145, F12
St. Gregori Taumaturg, Pl. de 141, F4
St. Jaume, Pl. 150, B21
St. Lluís, C. de 146, C13
St. Marc, C. 146, B13
St. Medir, C. de 144, B10
St. Mònica, C. de 150, A22
St. Pere Mitjà, C. 150, C21
St. Pere, Pl. 150, C21
St. Peremés Baix, C. 150, C21
St. Rafael, C. de 149, F17
St. Salvador, C. de 142, C8
Sta. Àgata, C. 146, C13
Sta. Anna, C. de 150, B21
Sta. Carolina, C. 147, F13
Sta. Catalina, C. 144, C10
Sud, Moll del 148, C20
Sugranyes, C. de 144, A10

T

T. Flomesta, C. 144, B10
Tallers, C. dels 146, A16
Tamarit, C. de 145, E12
Tànger, C. de 147, F16
Tapíoles, C. de 149, E17
Taquígraf Serra, C. del 145, E10
Taradell, C. 143, D6
Tarragona, C. de 145, D12
Taxdirt, C. de 147, E13
Tècnica, Av. de la 149, D17
Tenerife, C. de 143, F8

Tenor Massini, C. del 144, B10
Teodora Lamadrid, C. de 142, A7
Terre, C. de 141, E2
Tetuan, Pl. de 147, D16
Tibidabo, Av. del 142, B6
Ticià, C. de 142, C6
Tinent Coronel Valenzuela, C. 140, B4
Tirso, C. de 143, D7
Topazi, C. del 146, C13
Tordera, C. de 146, C14
Torrent de les Flors, C. 147, D13
Torrent de les Roses, C. 140, A2
Torrent de l'Olla, C. del 146, C13
Torretes, Ptge. de les 140, C1
Trafalgar, C. de 146, C16
Trajà, C. 144, B12
Trelawny, C. d. 151, D23
Tres Pins, C. dels 149, D18
Tres Pins, Camí dels 148, B18
Tres Senyores, C. 146, C13
Trias i Giró, C. de 140, A3
Trinquet, C. del 141, D3
Trullols, C. de 142, C5
Turull, Ptge. de 142, C7
Tuset, C. 146, A14

U

Unió, C. la 150, A21
Univers, Pl. de l' 145, D12
Universitat, Pl. de la 146, A16

V

València, C. de 145, D11
Valeta d'Arquer, C. 141, F2
Vall d'Hebron, Pg. de la 143, E5
Vall d'Hebron, Pl. de la 143, D6
Vall Par, C. de 142, C5
Valldonzella, C. de 146, A16
Vallespir, C. del 144, C10
Verdi, C. de 142, C8
Verdi, C. de 146, C13
Vergós, C. dels 141, D3
Viada, C. 146, C13
Vila i Vilà, C. de 149, F18
Viladomat, C. de 145, F11
Vilamarí, C. de 145, E12
Vilarroel, C. de 145, F10
Violant d'Hongria, C. de 144, B9
Viriat, C. de 144, C10
Virreina, Pl. de la 146, C13

W

Watt, C. 144, C11
Wellington, C. de 151, E22

X

Xuclà, C. d'En 150, B21

Z

Zamora, C. de 151, F22
Zona Franca, Pg. de la 144, A12

Orts- und Sachregister

Hier finden Sie alphabetisch aufgeführt alle in diesem Band beschriebenen Sehenswürdigkeiten, Museen, Hotels (H) und Restaurants (R). Darüber hinaus enthält das Register wichtige Stichworte sowie alle MERIAN-Tipps, -TopTen und -Spezial dieses Reiseführers. Wird ein Begriff mehrfach aufgeführt, verweist die **fett gedruckte** Zahl auf die Hauptnennung, eine *kursive Zahl* verweist auf ein Foto.

A
Actual (H) 14
Agut (R) 22
Amphitheater (Tarragona) 113
Amrey International (H) *10/11*, 15
Anreise 126
Antiquitäten 33
Antoni Gaudí (MERIAN-Spezial) 94
Apartaments Gutenberg (H) 15
Archäologisches Nationalmuseum (Tarragona) 114
Arenys de Mar 105
Arts (H) 13
Associació Call de Barcelona (Jüdische Synagoge) 63
Astoria (H) 16
Auf einen Blick 126
Auskunft 127
Autofahren 136

B
Banys Orientals (H) 16
Bar del Pi (R) 27
Bar Mirablau (R) 27
Barcelona Card 127
Barceloneta **64**, 98
Barri Gòtic (MERIAN-TopTen) *42*, **65**, 90
Bars 45
Bevölkerung 128
Bodega Vinos Selectos (R) 101
Botafumeiro (R) 92
Buchhandlungen 33
Buffet Lliure Celestial (R) 25

C
Ca l'Estevet (R) 25
Café Alfonso (R) 27
Café Bosc de les fades (R) 59
Café de la Opera (R) 27
Café de la Virreina (R) 28
Cafés 27
CaixaForum 77
Cal Ros (R, Girona) 107
Call 102
Camps (R) 29
Can Travi Nou (R) 21
Carballeira (R) 22
Casa Amatller 90, 95
Casa Ardiaca 102
Casa Batlló (MERIAN-TopTen) **65**, 90, 95
Casa Calvet (R) 20
Casa Comalat **66**, 93
Casa de les Punxes **66**, *91*, 93, 95
Casa Isidro (R) 21
Casa Leopoldo (R) 22
Casa Milà (MERIAN-TopTen) *62*, **66**, 95
Casa Vicenç **67**, 91
Casa-Museu Gaudí 77
Casas Ramos 91
Castell de Montjuïc **67**, 96
Castell de Sant Ferran (Figueres) 110
Castellers (MERIAN-Spezial) 56
Catalunya en miniatura 59
Catedral (Tarragona) 113
Catedral de Santa Eulàlia *64*, **68**, 90, 102
Cava (MERIAN-Spezial) 30

Cava-Bars 51
Celler de Gelida (MERIAN-Tipp) 34
Centre Català d'Artesanía 87
Centre Civic Can Deu (R) 28
Centre de Cultura Contemporània de Barcelona (CCCB) **77**, 100
Chicoa (R) 23
Cincómonos (R) 28
Colmado Quilez (MERIAN-Tipp) 37
Colón (H, MERIAN-Tipp) *14*, 17
Colònia Güell 95
Condes de Barcelona (H) 13
Convent dels Àngels 100
Cosmocaixa 78
Cova Fumada (R) 25

D
Diplomatische Vertretungen 129
Diskotheken 48
Dolmetscher-Service 129
Drahtseilbahn 97
Dulcinea (R) 29
Durán (H, Figueres) 110

E
Ediciones de Diseño 87
Edificio Colón 97
Einkaufen 32
El Asador de Aranda (R, MERIAN-Tipp) 24
El Call Jueu (Girona) 107
El Convent (R) 23
El Medulio (R) 23
El Portalón (R) 25
El Racó d'en Baltà (R) 26
El Tastavins (R) 26
Els Pescadors (R) 22
Espai vidre 100
España (H) 16
Essdolmetscher 122
Essen 18
Events 52

Orts- und Sachregister

F
Fàbrica Casaramona 95
Fahrräder 136
Familientipps 58
Feiertage 129
Fernsehen 129
Feste 52
Figueres 109
Font Màgica de Montjuïc 69
Fontanella (H) 17
Fundació Antoni Tàpies 78
Fundació Foto Colectania 79
Fundació Francisco Godia 79
Fundació Joan Miró (MERIAN-TopTen) 79
Fundbüros 129

G
Galeria Olímpica 79
Gaudí (H) 15
Gegants (MERIAN-Spezial) 56
Geld 129
Geschenke 34
Geschichte 118
Girona 106
Golondrinas 59
Gothsland 87
Granja Viader (R, MERIAN-Tipp) 29
Granjes (traditionelle Milchbars) 29

H
Hesperia Sarrià (H) 17
Hivernacle de la Ciutadella (R) 29
Hofmann (R) 22
Hospital de Sant Pau 95
Hospital Santa Creu 101
Hostal D'Uxelles (H) 16
Husa Internacional (H) 13

I
Ibis Barcelona Meridiana (H) 17
Internet 130

J
Jardí Botànic de Barcelona 69
Jardí Botànic 96
Jardins d'Aclimatació 96
Jaume de Provença (R) 21
Jean Luc Figueras (R, MERIAN-TopTen) 21
Joan Gaspar 87
Jüdische Synagoge 63

K
Keramik 42
Kleidung 130
Kloster von Montserrat 104
Klosterbibliothek (Montserrat) 105
Kolumbussäule 98
Königspalast (Vilafranca del Penedès) 111
Kriminalität 130

L
L'Alt Penedès 111
L'Aquarium (MERIAN-TopTen) *58*, 63
La Clandestina (R) 28
La Cúpula (R) 22
La Paloma (MERIAN-Tipp) 45
La Pedrera (Casa Milà) (MERIAN-TopTen) *62*, **66**, 95
La Provença (R) 22
La Taberna del Cura (R) 26
La Taverneta (R) 26
La Vinya del Senyor (R) 24
La Xicra (R) 29
La Yaya Amelia (R) 24
Laie (R) 29
Las Ramblas (MERIAN-TopTen) **73**, *88/89*, 90
Lebensmittel 36
Les Quinze Nits (R) 25
Limbo (R) 25
Livemusik 48
Lleó (H) 15

M
Mare de Deu (Montserrat) 104
Maremágnum 98
Märkte 40
Medicis (H) 15
Medizinische Versorgung 130
Megastore de Telecomunicación (R) 29
Mercat de la Boquería (MERIAN-Tipp) 40
Metroplan 135
Mietwagen 136
Mirador de Colom 70, *90*
Mirador del Rei Martí 102
Mode 40
Modernisme (MERIAN-Spezial) 94
Moll d'Espanya 73
Moncho's (R, MERIAN-Tipp) 19
Montecarlo (H) 14
Montjuïc **67**, 69, 96
Montserrat 104
Museu Barbier-Mueller Art Précolombí 81
Museu Capitular de la Catedral (Girona) 106
Museu d'Arqueologia de Catalunya 80
Museu d'Art Contemporani de Barcelona (MACBA) *76*, **80**, 100
Museu d'Història de Catalunya (MHC) **84**, 98
Museu d'Història de la Ciutat 84
Museu d'Història de la Ciutat (Sant Feliu de Guíxols) 108
Museu d'Historia dels Jueus (Girona) 107
Museu de Cera 82
Museu de Ceràmica 82
Museu de Geologia 83
Museu de l'Erotica 85
Museu de la Catedral 82
Museu de la Ciència 78
Museu de la Xocolata 87

Orts- und Sachregister

Museu de les Arts Decoratives 80
Museu de Zoologia 87
Museu del Calçat **81**, 102
Museu del Futbol Club Barcelona 83
Museu del Perfum 85
Museu del Suro (Palafrugell) 108
Museu del Vi (Vilafranca del Penedès) 111
Museu Egípci de Barcelona 82
Museu Etnològic 82
Museu Frederic Marès 82
Museu Marès de la Punta (Arenys de Mar) 105
Museu Marítim (MERIAN-Tipp) 80
Museu Militar 97
Museu Nacional d'Art de Catalunya (MNAC) (MERIAN-TopTen) 84
Museu Picasso (MERIAN-TopTen) **85**, 90
Museu Taurí 86
Museu Tèxtil i d'Indumentària 86
Museum der Stadtgeschichte (Tarragona) 114

N
Nachtlokale 45
Nebenkosten 129
Neichel (R) 21
Notruf 132
Nouvel (H) 14
Nuestra Señora de Misericordia 100

O
Öffentliche Verkehrsmittel 136
Olympiastadion *4/5*, 96
Opera Liceu **51**, 70

P
Paco Alcalde (R) 23
Palafrugell 108
Palamós 108
Palau de la Generalitat 103
Palau de la Música Catalana **51**, 70, 95
Palau Güell **71**, 95
Palau Robert *8*
Palau Sant Jordi *4/5*
Parc d'Atraccions del Tibidabo 59
Parc Güell (MERIAN-TopTen) **71**, 95, *116/117*
Parc Zoològic 59
Parfüm 42
Passeig Arquelògic (Tarragona) 114
Passeig de la Muralla (Girona) 106
Peninsular (H) 16
Plaça Reial *47*, **72**, 103
Plaça St. Jaume 90, 103
Plaça de Catalunya *60/61*
Platja Barceloneta 99
Poble Espanyol (MERIAN-Tipp) 70
Politik 132
Port Olímpic **72**, 99
Port Vell **73**, 98
Porzellan 42
Post 132

R
Racó del Pi (H) 15
Rambla Nova (Tarragona) 113
Reisedokumente 132
Restaurant del Teatre (R) 26
Restaurants 20
Revuetheater 51
Ricart (R) 26
Rivoli Ramblas (H) 15
Rundfunk 133

S
Sagrada Família (MERIAN-TopTen) **74**, 95
Sant Agustí (H) 16
Sant Feliu de Guíxols 108
Sant Pau (H) 17
Santa María (Vilafranca del Penedès) 111
Santa María del Mar **75**, 90
Santa María del Pi **75**, 102
Sardana (MERIAN-Spezial) 56
Schmuck 42
Schuhe 42
Segle XIII (R, Tarragona) 115
Silenus 100
Spielwarenmuseum (Figueres) 110
Sprache 133
Sprachführer 120

T
Tabak 43
Tapa Tapa (R) 24
Tarragona 112
Teatre Nacional de Catalunya 51
Teatre Tívoli 51
Teatre-Museu Dalí (Figueres) 109
Telefon 134
Tèxtil Cafè (R) 27
Theater 51
Tossa de Mar 107
Trinken 18
Trinkgeld 136

V
Varieteetheater 51
Verkehrsverbindungen 136
Vilafranca del Penedès 111

W
Wäsche 43
Wirtschaft 138

X
Xampanyerías (Cava-Bars) 51
Xocolatería Xador (R) 29

Z
Zeit 138
Zeitungen 138
Zigarren 43
Zoll 138

LIEBER GUT GEFÜHRT ALS DUMM GELAUFEN.

MOBILE NAVIGATION MIT REISEFÜHRER BEI WWW.MERIAN.DE

Mit smart2go™ geht's einfach los: Speicherkarte ins Smartphone oder den Pocket PC stecken, den mitgelieferten GPS-Empfänger aktivieren und schon läuft die mobile Navigation. MERIAN *scout* macht Ihren Personal Navigator auch zum Reiseführer! Die besten Restaurants, Hotels, Tipps zu Designer und Factory Outlets – schon alles drin im smart2go™ Paket. Mehr Informationen und den Shop finden Sie unter WWW.MERIAN.DE

MERIAN *scout*
Die Lust am Reisen

Impressum

Liebe Leserinnen und Leser,
wir freuen uns, Ihre Meinung zu diesem Reiseführer zu erfahren. Bitte schreiben Sie uns, wenn Sie Berichtigungen und Ergänzungsvorschläge haben oder wenn Ihnen etwas besonders gut gefällt:

TRAVEL HOUSE MEDIA GmbH, Postfach 86 03 66, 81630 München
E-Mail: merian-live@travel-house-media.de Internet: www.merian.de

DER AUTOR
Diesen Band schrieb **Harald Klöcker**. Er ist freier Journalist mit Wohnsitz Köln. Zahlreiche Veröffentlichungen zu kulinarischen und touristischen Themen in Spanien und Portugal. Er ist verantwortlicher Redakteur für das Sympathiemagazin »Spanien verstehen« und berät spanische Institutionen und Unternehmen.

Alle Angaben in diesem Reiseführer sind gewissenhaft geprüft. Preise, Öffnungszeiten usw. können sich aber schnell ändern. Für eventuelle Fehler übernimmt der Verlag keine Haftung.

Bei Interesse an Karten aus MERIAN-Reiseführern schreiben Sie bitte an:
iPUBLISH GmbH, geomatics
Berg-am-Laim-Straße 47
81673 München
E-Mail: geomatics@ipublish.de

FOTOS
Titelbild: Sagrada Família (Picture Finders/Bildagentur Huber); alle übrigen Fotos W. Seitz/edition vasco außer: G. Beer/Jalag-Syndication 20, 27, 71; Bildagentur Huber/F. Olimpio 134; W. Dieterich 37, 43, 47; R. Freyer 10/11, 18, 23, 28, 44, 60/61, 72, 74, 76, 83, 88/89, 91, 94, 97, 99, 101, 116/117, 124; Gonzalez/laif 12, 35, 50, 56, 62, 92, 106; Hotel Colón 14; G. Jung 86; Knechtel/laif 49; Lubenow/look 58; Pompe/look 30, 39, 42, 78, 84; Soriano/laif 110; T. Stankiewicz 4/5, 8, 64, 81, 104, 105; Stumpe/look 79, 136; The Travel Library 75, 87, 90, 128; S. Weiss 38; E. Wrba 36, 103; Zuder/laif 109

© **2006 TRAVEL HOUSE MEDIA GmbH, München**
MERIAN ist eine eingetragene Marke der GANSKE VERLAGSGRUPPE.

Alle Rechte vorbehalten. Nachdruck, auch auszugsweise, sowie die Verbreitung durch Film, Funk, Fernsehen und Internet, durch fotomechanische Wiedergabe, Tonträger und Datenverarbeitungssysteme jeglicher Art nur mit schriftlicher Genehmigung des Verlages.

PROGRAMMLEITUNG
Susanne Böttcher
REDAKTION
Susanne Kronester
LEKTORAT UND SATZ
Ewald Tange, tangemedia, München
GESTALTUNG
wieschendorf.design, Berlin
KARTEN
MERIAN-Kartographie
PRODUKTION
Gloria Pall
DRUCK Appl, Wemding
BINDUNG Auer, Donauwörth
GEDRUCKT AUF
Nopacoat Edition von der Papier Union

1. Auflage
ISBN (10)   3-8342-0081-6
ISBN (13) 978-3-8342-0081-5

Ein Unternehmen der
GANSKE VERLAGSGRUPPE